도전해봤어!

도전해봤어!

• 초판 1쇄 인쇄 2023년 10월 12일
• 초판 1쇄 발행 2023년 10월 20일

• 지은이 이충섭
• 펴낸이 조유선
• 펴낸곳 누가출판사

• 등록번호 제315-2013-000030호
• 등록일자 2013. 5. 7.
• 주소 서울특별시 공항대로 59다길 276(염창동)
• 전화 02-826-8802 팩스 02-6455-8805

• 정가 15,000원
• ISBN 979-11-85677-81-1 03230

도전해봤어!

이충섭 지음

도전은 아름답습니다. 인생은 도전하면서 오늘보다 내일이 더 좋아지는 것을 기대하면서 사는 것입니다. 신체장애를 가지고 태어났기에 아픔과 눈물로 살아가고 뭔가 도전하였을 때 잘 되었던 것보다 잘 안 되었을 때가 많았습니다. 현재 매일 전도하는 일도 12년째 하지만 전도 열매가 있는 것이 아닙니다. 그런데도 여전히 전도하는 현장에 갑니다. 전도 열매가 거의 없는데도 오늘도 전도하러 나가는 것은 전적인 하나님의 은혜입니다.

출판사
누가

김찬호 감독 | 중부연회

매일 같이 전도하는 이충섭 목사님이 있습니다. 이충섭 목사님은 비가 오나 눈이 오나 매일 같이 전도합니다. 매일 전도를 하기 위해서 빵을 만들고 커피를 내리고 길거리 청소를 하는 하나님의 마음을 품은 전도자입니다.

목사로서 하나님의 마음을 품고 전도하는 전도자는 많지 않습니다. 전도는 교회의 성장도 있지만, 죄와 멸망에 처한 영혼을 긍휼히 여기는 주님의 마음을 아는 것이 더욱 중요합니다. 이충섭 목사님의 전도는 한 영혼을 멸망에서 구원하려는 하나님의 마음을 품은 전도입니다.

매일 전도하는 이충섭 목사님께서 『도전 해봤어!』 책을 출판하게 되었습니다. 인생에 도전하고, 목회에 도전하고, 코로나에 도전하고, 빵 만드는 것에 도전하며 예수님 마음 닮기를 도전하는 모습이 아름답습니다.

이충섭 목사님은 청소년들을 위해 고등학교 학급예배 설교를 20년째 하고 있습니다. 청소년들에게 예수님을 만나고 변화되는 삶을 살도록 꿈을 심어 주고 있습니다. 장애인들이 더욱 행복한 삶을 살아가게 하기 위해 따뜻하게 격려해 주고 장애인들을 위해 설교하는 목사님이십니다.

　승리교회 한 곳에서 30년 이상을 목회하면서 성도들을 사랑하고 성
도님들을 위해 매일 기도하면서 한 영혼이 천하보다 귀하다는 것을 아
는 목사님이십니다. 전도하는 감독으로 이충섭 목사님의 도전 이야기
"도전 해봤어!"를 추천합니다.

김병삼 목사 | 만나교회

　푸르른 잎새가 돋아나고 따스한 햇살이 내리쬐는 아름다운 봄날에 저의 동기이자 신실한 동역자인 이충섭 목사님이 신간을 내신다고 연락이 왔었는데 오곡이 무르익는 결실의 계절에 즈음하여 신간을 소개하게 되어 참으로 기쁩니다. 동행同行한다는 것, 누군가의 동행이 된다는 것은 서로의 마음을 온기로 밝혀주기 때문입니다. 힘이 들 때 동행이 있다는 것은 지친 다리에 힘을 더해주어 다음 한 발짝을 내디딜 수 있게 하는 든든함이 됩니다.

　동행은 단순히 길을 가다가 경로가 겹쳐서 함께하게 된 것을 넘어 '일정한 곳'으로 길을 같이 가거나 오는 것을 말합니다. 그리스도인으로서 우리는 모두 하나님과 동행하기를 원하지만, 하나님과 함께하다가도 종종 다른 곳을 바라보게 됩니다. 우리의 시선을 빼앗는 것들이 너무나도 많은 시대를 살고 있기 때문입니다. '성공'을 위해서, 각자의 목표를 위하여 달려가는 데에 익숙한 우리는 어쩌면 하나님과 동행하는 법을 잊어버린 것 같기도 합니다. 하나님과 동행하는 이 시대의 삶은 어떠한 모습일까요?

　이충섭 목사님의 저서 『도전 해봤어!』는 하나님과 함께, 같은 곳을 바라보고 가는 삶의 모습을 엿보게 해줍니다. 이 목사님은 하나님과 거

래하거나 협상하지 않고 날마다 성실하게 살아갑니다. 열매에 관심을
두지 않습니다. 숫자에 집착하지 않습니다. 다만 하나님과 함께하는 행
복을 바라보며 매일 전도하고, 도전하고, 하나님의 계획을 기대하며 할
수 있는 일에 최선을 다합니다. 하나님의 일 하심을 바라봅니다.

　이 목사님의 이러한 삶의 이야기는 제게 노아를 떠올리게 합니다.
노아의 이웃들은 노아가 하는 일을 중요하게 생각하지 않았을지 모릅
니다. 그럼에도 불구하고 노아는 매일마다 성실하게 방주를 지었고, 마
침내 하나님과 동행하였다고 성경에 기록된 단 세 명 중 한 사람이 되
었습니다. 노아의 일상은 하나님과의 동행이었던 것입니다. 이처럼 하
나님과 동행하는 삶을 알고, 그 길을 함께 걷고자 하는 그리스도인들에
게 이 책을 추천합니다.

홍기용 목사 | 송해교회

"낮엔 해처럼 밤엔 달처럼"이라는 복음성가에 "예수님처럼 바울처럼"이라고 시작합니다. 목사란 바로 예수님처럼 하나님의 뜻을 행하고 하나님의 일을 이루는 것을 양식으로 삼는 사람이고, 바울처럼 살아도 죽어도 나는 주님의 것이라고 고백하며 사는 사람입니다. 예수님처럼 바울처럼 사는 목회자가 바로 이충섭 목사님이라는 사실을 논하며, 40년간 벗으로 지내온 세월에 대해 자랑스럽게 생각합니다.

이 목사님의 가정은 목사님, 사모님, 쌍둥이 아들 모두 감리교신학대학을 졸업했습니다. 가족 모두가 하나님을 공부하고 주님을 전하는 일에 생애를 모두 드린 공통점이 있습니다. 이 목사님 자신의 삶을 글로 나타낸 책을 통해서도 알 수 있습니다.

첫 번째 출간된 책이 『전도 해봤어!』입니다. 전도는 부활하신 주님께서 제자들에게 당부한 말씀입니다. 이 목사님은 목회하면서 하루도 쉬지 않고 전도를 삶으로 표현한 증인입니다. 환경과 상황과 관계없이 예수님과의 약속을 지키기 위해 변함없이 매일 전도한 사람입니다.

두 번째 출간된 책이 『교회학교 해봤어!』입니다. 교회학교 어린양들을 돌보는 것은 부활하신 주님께서 사랑하는 제자에게 당부한 말씀입니다. 이 목사님은 누구보다 예수님을 사랑하는 사람이고, 예수님의 사랑을 받는 사람입니다. 점점 예수님을 잊어버리고 살며, 믿음을 잃어버리고 사는 지금 세대에 평생 어린이 부흥사로 교회학교에 목숨을 건 사람으로 다음 세대를 일으키시는 사람입니다.

세 번째 출간하는 책이 『도전 해봤어!』입니다. 하나님은 우리 마음에 소원을 두고 행하시는 분입니다. 하나님은 우리 안에서 활동하셔서, 우리가 하나님을 기쁘게 해드릴 것을 염원하게 하시고 실천하게 하시는 분입니다.

사랑하는 이 목사님은 모든 분야에 하나님을 기쁘게 해드릴 것을 소원하고 도전하는 사람입니다. 예수님이 인생의 해답인 것처럼 예수님을 사랑하고 따르는 이충섭 목사님의 삶 현장에서 인생 도전, 목회 도전, 코로나 도전, 빵 만들기 도전하는 모습이 건강하고 행복하기에 『도전 해봤어!』 이 책을 적극적으로 추천합니다.

서문

이충섭 목사 | 승리교회

도전은 아름답습니다. 인생은 도전하면서 오늘보다 내일이 더 좋아지는 것을 기대하면서 사는 것입니다.

신체장애를 가지고 태어났기에 아픔과 눈물로 살아가고 뭔가 도전하였을 때 잘 되었던 것보다 잘 안 되었을 때가 많았습니다.

현재 매일 전도하는 일도 12년째 하지만 전도 열매가 있는 것이 아닙니다. 그런데도 여전히 전도하는 현장에 갑니다. 전도 열매가 거의 없는데도 오늘도 전도하러 나가는 것은 전적인 하나님의 은혜입니다.

회갑을 맞이하였습니다. 회갑을 맞이하면서 태국에 교회를 세웠으면 좋겠다는 거룩한 꿈이 생겼습니다. 태국 영혼이 예수님께 돌아오는 것을 생각할 때 기쁘고 기쁩니다. 태국에 교회를 세우기 위해 『도전 해봤어!』 책을 출판하게 되었습니다.

『도전 해봤어!』를 더욱 빛내기 위해 중부연회 김찬호 감독님, 만나교회 김병삼 목사님, 송해교회 홍기용 목사님께서 추천서로 멋지게 격려해 주셨습니다.

도전해봤어!

『도전 해봤어!』 표지 글씨 경민고등학교장 손태주 장로님과 표지 그림 전농 교회 장미혜 사모님께 감사합니다. 책이 빛나게 되었습니다.

『도전 해봤어!』 책은 인생 도전, 목회 도전, 코로나 도전, 빵 도전 이야기입니다. 도전이 잘되어서 기록한 것이 아니라 도전이 잘되지 않았어도 여전히 도전하고 있는 것이 행복합니다.

내 인생을 들여다보면 실패에도 불구하고 다시 도전하고 있으면 안 될 것 같은 것들이 뭔가 이루어져 있습니다. 하나님께서 인도하시고 보호하셨기 때문입니다.

하나님께서 저에게 허락하신 승리교회 목회가 감사합니다. 승리교회가 건강하고 행복하게 성장하기를 간절히 바라고 승리교회 성도들이 사랑받고 기뻐하면서 소망 가운데 살아가기를 기도합니다.

누가 출판사 정종현 목사님과 직원들에게 진심으로 감사합니다. 누가 출판사에서 『전도 해봤어!』『교회학교 해봤어!』『도전 해봤어!』를 출판하게 된 것은 하나님의 은혜입니다. 이 책들이 사람들에게 믿음을 주고, 소망 가운데 기쁨으로 살아가기를 기대합니다.

아들을 위해 기도해 주시는 심우순 권사님, 사위를 위해 기도해 주시는 이옥근 권사님, 평생 동역자인 조혜영 아내와 하나님의 은혜와 진리가 있는 쌍둥이 아들 은규와 진규에게도 감사하고 승리교회 성도들을 사랑하고 축복합니다. 여러분도 『도전 해봤어!』에 도전해 보길 소원합니다.

　도전 해봤어!!~~~ 도전, 도전, 도전

목차

1장

인생 도전 해봤어!

1. 자전거 타기

+++　　　　4살 때 걸음을 잘 걷지 못한다는 사실을 알게 되었습니다. 어머니께서 내가 벽을 짚고 다닌다고 하였습니다. 6살 때쯤 내가 신체장애인 것을 알았습니다. 걸음을 걷지 못하였습니다. 어렸을 때 자전거 타기에 도전해 본 적이 있습니다. 자전거 타는 것이 다른 사람에게는 별거 아닌 것 같지만 나에게는 엄청 힘든 일입니다. 자전거를 타려고 하는데 중심을 잡을 수가 없어서 자전거를 탈 수 없었습니다. 4바퀴로 된 어린이 자전거를 탈 때는 자전거를 탈 수 있었습니다. 4바퀴 자전거를 타는 기분은 이 세상을 다 얻는 기분이었습니다.

이 땅에 많은 장애인이 있습니다. 장애인들은 아픔과 눈물로 가득 차 있습니다. 누군가가 대신해서 살아 주는 것이 아닙니다. 내가 견디고 참아야 합니다. 장애인이 등산을 도전하는 것은 상당히 훌륭합니다.

내 인생에 있어서 자전거 타기가 최초의 도전입니다. 지금 자전거를 잘 탈까요? 못 탈까요? 지금도 자전거 타기에 도전하고 있습니다.

2. 양궁과 수영

+++　　　　　중학교에 올라가면서 장애인들을 위한 정립회관에
서 양궁도 하고 수영도 하였습니다. 양궁을 하려면 활을 잡아당길
힘이 있어야 합니다. 더군다나 나는 왼손잡이라 활도 왼손잡이로
사용해서 했습니다. 활을 당기느라 힘을 많이 써야 하는데 당길 힘
이 있어 감사했지요. 과녁 중심에 활을 맞추어갈 때 양궁 하는 재미
가 있었습니다. 중학교 시절 내내 정립회관에 가서 양궁 연습을 하
였습니다.

사격도 해 보았습니다. 총이 표시판에 일치가 되도록 하고 손이
흔들리지 말아야 합니다. 사격도 표시판 중심에 맞추면 기분이 좋
았습니다. 던지기 연습도 했습니다. 수영 연습도 하였습니다.

신체장애인 중에는 수영을 잘하는 사람이 있습니다. 얼마나 부
러운지 모릅니다. 수영에서 물에 뜨는 것까지 합니다. 머리를 들지
않고 머리를 물속에 집어넣으면 물 위에 뜹니다. 역시 다리 움직이
기가 힘듭니다. 아무리 노력해도 앞으로 나가지 못하는 것입니다.
그래도 물을 무서워하지 않아서 다행입니다.

중학생 때 교회에서 대천 해수욕장에 수련회를 간 적이 있습니

다. 대천 해수욕장에서 튜브를 가지고 바다에 갔는데 그만 튜브에서 몸이 빠져 죽을 뻔한 적이 있습니다. 남들이야 수영을 할 줄 알았기에 튜브가 없어도 되지만 튜브가 없으면 바다에 있기가 어렸습니다. 발이 땅에 닿는 것도 아니고 정말 힘들었습니다.

장애인으로 할 수 있는 것보다 할 수 없는 것이 많았습니다. 그래도 장애인 중에 시각 장애인이 마라톤에 도전하는 사람도 있고, 등산에 도전하는 사람도 있고, 수영에 도전하는 사람들이 있는데 이들을 보면 참으로 존경스럽습니다.

양궁을 잡고 활을 당길 수 있어 감사합니다. 과녁에 잘 맞출 수 있을 것 같습니다. 도전입니다.

3. 탁구

+++   중학교 때 궁정교회랑 자교교회랑 탁구대회가 있었습니다. 그래서 탁구를 배우게 되었습니다. 탁구 할 때 왼손잡이라 왼손으로 탁구를 치면 오른손잡이들이 당황합니다. 왼손잡이는 오른손잡이랑 자주 탁구를 해 힘들지 않았습니다.

자교교회랑 탁구 시합을 하는데 맨 마지막 내 차례 때였습니다. 내가 탁구 시합에서 승리하였습니다. 내가 탁구 시합에서 승리한 것이 내 최초의 승리입니다.

감리교신학대학교에 탁구장이 있었습니다. 탁구장에 고수들이 많이 있었습니다. 교수님 중에서도 탁구를 잘 치는 김득중 교수님이 계셨습니다. 나는 탁구 시합보다는 탁구 하는 자체를 좋아했습니다. 탁구장에서 만난 목사님들도 많이 있습니다. 김승호 목사님이십니다. 현재 의정부지방회에 같이 있습니다.

목회할 때 교회에 탁구대 2대가 있어 우리 교회에 와서 탁구 하신 목사님들이 있습니다. 목회하면서 내가 학생들에게 탁구를 가르쳐 준 적이 있습니다. 처음에는 탁구를 잘 못 치는데 한 달 만에 나보다 탁구를 잘 친 친구가 있었습니다. 서브가 좋아서 나를 능히 이

겼습니다. 나요한 청년입니다. 나요한 청년은 군대 가서 탁구 시합을 하였는데 1등 했다고 합니다.

탁구는 지금도 좋아합니다. 목사님 중에 탁구 잘 치는 목사님은 생명나무교회 이구영 목사님입니다. 목사님들 탁구대회에서 우승할 정도입니다. 탁구는 전신 운동입니다. 탁구를 하며 스트레스받는 일을 청산할 수 있습니다.

4. 주산, 부기

+++　　　　　　　고등학교는 선린 상업고등학교를 다녔습니다. 그것
도 야간으로 다녔습니다. 고등학교 시절은 나에게 새로운 인생에 도
전하기였습니다. 저녁때 수업하는 야간 고등학교 시절입니다. 이때
공부를 잘하였습니다. 특히 부기는 남보다 빨리 배웠고 남을 가르
칠 수 있는 실력이 있었습니다. 부기 2급을 1학년 때 취득했고 부기
1급을 도전할 정도였습니다. 부기는 계산을 잘해야 했습니다. 좌우 면
이 같아야 합니다. 틀리면 엄청 고생하지만 잘 맞아서 행복했습니다.

주산은 주판을 손으로 해야 하고 주산 암기해서 풀어야 합니다.
주산 2급은 2학년 때 취득했습니다. 고등학교 시절에 다른 학생들
에게 주산 부기를 가르치는 재미로 살았습니다. 고등학교 내신 성
적이 1등급이었습니다. 전교에서도 한 자리 숫자였습니다. 참 좋은
시절이었습니다.

내 인생에 있어서 부정적인 사고방식에서 긍정적인 사고방식으
로 바뀌었던 시절입니다. '못한다, 할 수 없다'는 생각에서 '할 수
있다, 하면 된다'는 생각이 들어 왔기 때문입니다. 지금도 나는 계
산기보다 주산을 더 선호하면서 사용하고 있습니다. 곱셈은 계산기
로 하고 더하기는 주판으로 합니다.

5. 대학 입시

+++ 　　　고등학교를 실업계를 나왔고 야간이기에 더 힘들었습니다. 고등학교 주산 2급, 부기 2급을 자격증을 가지고 있음에도 불구하고 한 번도 회사 면접을 본 적이 없었습니다. 선생님조차도 대학입시하라고 하셨습니다. 고등학교 3학년 대학입시 고사성적은 정말 안 좋았습니다. 할 수 없이 재수하였습니다. 서울역 근처에 있는 경일학원 종합반에 다니고 서울학원 단과반도 다녔습니다.

재수할 때 어머니께서 싸주신 도시락 2개를 먹으며 공부했습니다. 경일학원에 다닐 때 공부 잘하는 사람들이 있었습니다. 내 나름대로 열심히 공부하였지만, 워낙 기초가 약하기에 많이 힘들었습니다. 경일학원 종합반을 끝까지 잘 다니는 사람은 대학 가는 것을 보았는데 종합반과 단과반에 왔다 갔다 하는 사람들은 대학 진학을 못하는 것을 보았습니다.

하나님의 은혜로 감리교신학대학교에 입학할 수 있었습니다. 그때 감신대는 신학과 208명을 뽑았습니다. 내신 성적이 좋아서, 수능시험성적이 좋지 않아도 감신대에 들어갈 수 있었습니다. 감신대 면접할 때 송길섭 교수님께 대학등록금은 누가 주느냐는 질문을 받았습니다.

도전해봤어!

대학입시발표하기 전날 학교에 가 보라고 하였는데 교무처, 학생처는 문을 닫았는데 재정처는 등록금을 받아야 하기에 합격자 명단이 있었습니다. 수험번호 14번이었는데 이충섭 합격이라고 했고 수험번호 2번 이구영도 합격했다는 소식을 알게 되었습니다. 이충섭과 이구영은 궁정교회 출신이고 같은 학번 학생이 되었습니다. 대학입시공부하는 사람은 어느 대학 무슨 과를 가야 하겠다는 분명한 목표로 공부해야 합니다. 피눈물 나게 노력해야 하고 자기 관리를 잘해야 합니다.

6. 교육전도사

+++   감리교신학대학교를 졸업하고 난 후 교육전도사로 갈 교회가 없었습니다. 모 교회인 궁정교회에서 초등학교 1학년부터 대학 4학년 때까지 다녔습니다.

대학을 졸업할 때 교육전도사로 갈 교회를 찾지 못했습니다. 궁정교회에서 나와 주일마다 주일 예배 드릴 교회를 찾아다녔습니다. 그때 당시에 16곳 교회를 돌아다녔습니다. 16곳 교회 중에 다시 가보고 싶다는 교회는 4곳의 교회입니다.

교회의 가장 중요한 것은 무엇일까요? 교회는 따뜻해야 합니다. 사람을 대할 때 사랑이 넘쳐야 합니다. 사람에게 관심을 가지고 사람이 귀한 것을 알아야 합니다.

큰 교회에는 사람이 많아서인지 새로 온 사람에게 관심이 없습니다. 교회에 처음 오는 사람이 당황해 합니다. 어떻게 예배해야 하는지 안내를 받지 못하면 알아서 예배 자리에 앉아야 합니다.

16곳 교회를 다니고 있을 때 친구 홍기용 전도사가 자신은 군대 가야 한다고 자기가 섬기고 있는 은천교회 교육전도사로 오라고 하

도전해봤어!

였습니다. 그리하여 은천교회 교육전도사로 사역하였습니다. 은천교회에서 교육전도사로 교회학교를 감당하였고 성가대와 교회 청소도 했고 가끔 새벽예배, 수요예배를 감당하였습니다.

은천교회 주일 낮 예배를 드린 후에 먹는 칼국수는 지금도 잊을 수가 없습니다. 국수에다 양념 된 것을 넣은 것이 다이지만 맛이 있었습니다. 매주마다 칼국수를 먹었지만 질리지 않았습니다. 은천교회 출신 목사님이 나왔는데 김광복 목사님이십니다. 이후 부천 성은교회, 서울 중계교회에서 교육전도사를 하였습니다.

7. 기독교 교육 전공

+++　　　　　은천교회 교육전도사를 할 때 어린이 설교를 하려고 하는데 설교하기가 어렵다고 느꼈습니다. 어린이 설교를 잘하기 위해 기독교 교육을 전공해야 하겠다는 생각이 들었습니다. 신학 공부한 것 만 가지고는 어린이 설교 잘하기가 어려운 것을 느꼈습니다.

신학과 교육 현장을 이어가려면 신학과 기독교 교육이 함께 만나야 어린이 교육을 잘할 수 있다는 생각이 들었습니다. 그래서 감신대신학대학원에서 기독교 교육을 전공하게 되었습니다. 학부 때 만났던 김재은 교수님, 장종철 교수님을 신학대학원에서 만나 공부하였습니다.

김재은 교수님은 성서를 전공하시고 기독교 교육을 하셨기에 늘 교회 현장을 생각하면서 기독교 교육을 하라고 하셨습니다. 공부한 그것 중에 필자 워크샵 교재 만들기를 하였더니 참 좋았습니다. 학부 때부터 교재 만들기 하는 것을 훈련받았고 대학원에서 더 자세하게 만드는 훈련을 하였습니다. 장종철 교수님은 어떻게 글을 정리하는지, 어떻게 글을 활용하는지를 가르쳐 주셨습니다.

대학원 다닐 때 김재은 교수님, 장종철 교수님의 조교 한 것은 참으로 복입니다. 조교를 하였기에 학부 기독교 교육 리포트를 검사해 보았습니다. 학부 기독교 교육 리포트를 보면서 이렇게 자세히 리포트를 잘 쓰는 친구들도 있다는 것을 알게 되었습니다. 기독교 교육을 하는 친구들은 기초가 성경인 것을 잊지 말아야 합니다. 성서 바탕으로 조직신학으로 바라보고 교회 현장에서 어떻게 적응할 것인가 많은 고민을 해야 합니다.

8. 어린이 부흥회

+++   홍기용 전도사가 한양 제일교회에서 교육전도사로
사역할 때 나에게 어린이 부흥회를 인도하라고 부탁하였습니다. 어
린이 첫 부흥회로 어린이들이 300명이나 있었습니다.

  손유희와 어린이 설교자료를 가지고 가서 어린이들에게 말씀을
전하였습니다. 예수님을 닮아가는 어린이로 뜨겁게 찬양하고 뜨겁
게 기도하고 뜨겁게 전도하자는 내용입니다. 이렇게 어린이 부흥회
가 3일짜리로 바뀌었고 30여 년 동안 한국교회에 어린이 부흥회를
인도하였습니다.

  한국에서 나름대로 큰 교회들은 거의 어린이 부흥회를 했습니
다. 어린이 캠프 사역하는 은혜 캠프, 예수 사랑 캠프, 성령 캠프에
강사로 하나님의 말씀을 전하였습니다.

  처음에는 악보를 그린 괘도를 들고 다녔습니다. 어린이 설교자
료가방도 들고 다녔습니다.

  내 어린이 부흥회는 어린이들이 직접 역할극을 하면서 집회를
인도하였습니다. 어린이를 집중시키는 데 최고라는 소리를 들었습

니다. 어린이와 교사 기도회를 인도하는 것이 탁월하다고 했습니다. 목회하면서 어린이 부흥회를 인도한 것은 참 복입니다.

9. 어린이 부흥

+++   어린이 부흥회 인도를 할 수 있었던 것은 중계교회 교회학교가 부흥했기 때문입니다. 중계교회 어린이 30명에서 3개월 만에 100명이 되었습니다. 교사 8명이 하나가 되어 교회학교 부흥하는 것을 경험했습니다.

교사는 지각 결석하지 않습니다. 교사는 무학년제도로 하였습니다. 교사나 어린이가 전도하면 자기 반으로 데리고 갔습니다. 교사는 학습공동교제를 하였습니다. 교사는 어린이를 위해 매일 1분 기도하였습니다. 교회학교 부흥은 교사 손에 달려 있습니다.

교회학교 교사는 교회학교 예배에 지각 결석하지 말아야 합니다. 어린이를 위해 매일 1분씩 기도해야 합니다. 토요일에 전화 심방을 해야 합니다. 분반공부준비를 미리해야 합니다. 어린이와 약속을 잘 지켜야 합니다. 이것만 잘해도 훌륭한 교회학교 교사입니다. 교회학교 부흥을 경험해 본 것이 중요합니다. 어떻게 해야 교회학교가 부흥하는지를 알아야 합니다.

도전해봤어!

10. 부목사

+++   어린이 부흥회를 인도하면서 부목사로 오라는 몇
교회가 있었습니다. 은천교회에 계셨던 목사님께서 부천 약대교회
로 담임목사님으로 가셨습니다. 그때 약대교회는 어른이 3천 명이
었습니다.

이 목사님께서 저보고 약대교회 교육목사로 오라고 하였습니다.
그것도 3번이나 전화하셨는데 제가 가지 못했습니다. 그때 당시에
저는 교회 개척한 지 얼마 되지 않았고, 어린이 부흥회를 인도하는
중이었습니다. 교회를 개척하였으니 어떻게 해서든지 교회를 부흥
시켜 보려고 하였습니다. 못 간다고 말씀드렸습니다.

저 대신 간 목사님이 최진기 목사님이십니다. 최진기 목사님은
약대교회 부목 12년하고 같은 지방회 아름다운교회를 개척하고 지
방 감리사님도 하셨습니다. 최 목사님이 잘된 것이 감사하지요.

만나교회 어린이 부흥회를 인도한 적이 있는데 김병삼 목사님께
서 만나교회 부목으로 오라고 했습니다. 대형교회인 만나교회에서
오라고 하니 감사할 일이지만 가지 못했습니다. 지금 와서 생각해
보면 내 생각이 짧아서 더 많은 것을 배울 수도 있고 성장할 수도

있었는데 기회를 놓쳤습니다.

그 후에 부산 어느 교회에서도 부목사로 오라고 하였는데 가지 못했습니다. 부목사로 가지 못하고 담임목사로 계속하고 있습니다.

부목사로 가고자 하는 목사님은 부목사로 부르심이 있는가? 부목사로 성장하고 배울 수 있는 교회가 있는가? 부목사로 나를 불러주는 교회가 있는가? 생각해 보아야 합니다.

부목사는 담임목사님을 무조건 잘 만나야 합니다. 부목사는 담임목사님의 목회관과 맞아야 합니다. 부목사가 담임목사님을 잘 협력하여 담임 목회 나갈 기회가 있다면 참 행복한 것입니다. 담임 목회를 나가려면 학벌이 좋아야 합니다. 40대-50대를 부흥시킬 수 있는 지도력이 있어야 합니다.

11. 어린이 설교집

+++   어린이 부흥회를 인도하면서 은혜 출판사에서 어린이 설교집인 시청각 어린이 현장 설교집(은혜 출판사), 믿음 왕 은혜 왕(은혜 출판사), 기도 왕 감사 왕(은혜 출판사)을 낼 기회를 얻었습니다.

시청각 어린이 현장 설교집은 어린이 설교 글과 그림을 제공한 것으로 CD로 그림까지 제공하는 첫 번째 어린이 설교집입니다. 내가 CD로 낸 어린이 설교집 이후에 CD를 제공해 준 어린이 설교집이 나왔습니다. 그때 당시에 어린이 현장을 강조하면서 교회학교 현장에서 직접 쓸 수 있는 그림을 제공하였습니다.

믿음 왕, 은혜 왕은 시청각 어린이 현장 설교집 원고가 많아서 둘로 나누어서 만들자고 하여 나온 어린이 설교집인데 책 자체가 크게 나왔습니다. 그림 활용하기가 더 좋아졌습니다. 기도 왕 감사 왕은 교회학교 절기에 따르는 어린이 설교집입니다.

이렇게 어린이 설교집뿐만 아니라 인포 처치에서 어린이 PPT 설교를 제공하게 되었습니다. 어린이 설교 원고를 제공하면 인포 처치에서 그것에 맞는 어린이 PPT 그림을 제공하고 때에 따라 동영상을 만들어 주었습니다. 인포 처치가 PPT 어린이 설교하는 데 큰 역할을 주었습니다.

그런데 한국교회는 공짜를 너무 좋아합니다. 인포 처치에서 어린이 설교를 귀하게 만들어 주었으면 돈을 지급하고 어린이 설교를 하면 좋았을 텐데 공짜로 달라고 하는 사람이 있다는 것입니다. 인포 처치가 수고한 대가를 지급하고 사용하는 것이 좋습니다.

어린이 설교집 3권을 출판하고 어린이 PPT 설교는 상당히 많은 설교를 제공하였습니다. 어린이 PPT 설교를 약 천 개 이상 가지고 있습니다.

12. 결혼

+++　　　　장성한 사람이 결혼하는 것이 당연한 일이지만 결혼할 사람을 찾기가 쉽지 않았습니다. 장애를 앓고 있는 사람은 선뜻 누가 사람을 소개해 주지 않습니다. 사람을 찾아 고백하여도 거절당합니다.

감신대 후배 아내를 만나게 되었습니다. 아내는 감신대에서 조용히 학교에 다녔지만 내가 대학원 기독교 교육을 할 때 학부 기독교 교육 수업을 들을 때 같이 들었고 김재은 교수님 조교를 하고 내가 대학원 논문 발표를 학부 수업 시간에 할 수 있었습니다.

아내를 만나고 연애를 하고 결혼하려고 하였습니다. 그런데 장인 어르신이 장애를 앓고 있다고 반대하셨습니다. 아내는 혼자라도 결혼을 하겠다고 하였습니다. 대단한 여자입니다. 생활력이 강한 강화 여자였습니다. 아내는 내 맑은 모습이 좋았다고 하지만 막상 살다 보니 내 어둡고 장애로 인한 열등감이 크다는 것을 알게 되었습니다. 쌍둥이 아들을 얻게 되었고, 그 아들들도 감신대 후배가 되어 있습니다. 결혼한 지 30년이 되었습니다.

결혼하고자 하는 사람은 하나님께서 나에게 짝을 찍어 주셨다는 확신이 있어야 하고 힘들고 어려운 일을 능히 극복할 수 있는 사랑으로 아내를 사랑하고 남편을 존중히 여기는 인격적인 사람으로 여유가 있는 삶이 되어야 합니다. 너그러운 마음 없이는 결혼생활 하기가 어렵습니다.

사랑하고 믿음을 주며 존중히 여기기를 먼저하고, 이해받기보다는 이해하기를 먼저하고, 사랑받기보다는 사랑하기를 먼저하고, 배려받기보다는 배려하기를 먼저 하며 살아가야 합니다.

13. 교회 개척

+++   승리교회 개척은 1993년 3월 27일(토) 창립한 교회입니다. 교회 2층 약 30평을 전세 3천만 원에 월세 20만 원을 내며 10년 동안 하였습니다.

교회로 사용했던 건물이 팔렸습니다. 교회 근처 고려 치과 2층으로 전세 6천만 원에 월세 25만 원을 내며 5년 동안 사용하였습니다. 어느 날 갑자기 성인용품 가게가 교회 옆으로 왔습니다. 교회가 나가겠다고 하였습니다.

다온 중학교 준원빌딩 3층 전세 8천만 원으로 갔습니다. 근처에 같은 지방 남부교회가 있었습니다. 이곳에서 10년 동안 있었습니다. 어느 날 집주인 권사님께서 전세 2천만 원에 월세 100만 원을 하여야 한다고 하셨습니다. 그럼 우리 교회는 나가겠다고 하였습니다. 월세 100만 원을 낼 형편이 안되고 월세를 내는 것보다 건물을 사서 이자 내는 것이 좋겠다는 생각이 들었습니다.

현재 자리의 건물을 사서 들어왔습니다. 1층 한 가구, 2층 두 가구가 전세로 있지만, 교회 지하 예배실, 1층 애찬실, 3층 사택으로 구성된 건물입니다. 처음에는 대출도 1억 넘게 있었지만 빠른 속도로 빚을 갚았습니다.

교회 개척하려면 교회 개척에 분명한 소명이 있는가를 살펴볼 필요가 있습니다. 사명감이 있는 목회가 되는가를 살펴야 하고 교회는 사람을 돌보아야 하기에 교회를 함께 할 사람들이 있어야 합니다. 사람들이 있어야 목회할 힘이 생깁니다. 또한, 기본적인 전기세, 수도세, 관리비, 애찬, 교회 담임자 사례 등을 해결할 수 있는 물질이 있어야 합니다. 목회 비전에 대한 꿈과 교회를 세워 갈 사람들과 물질이 있어야 합니다.

14. 자동차 운전면허

+++   교회를 하다 보면 자동차를 운전해야 할 일이 많습니다. 자동차도 없지만 우선 자동차 운전면허를 따기로 했습니다. 운전면허 필기시험을 보아야 했습니다. 처음 필기 시험에 떨어졌습니다. 운전면허 시험문제가 이상한 것이었습니다. 다시 최신형 운전면허시험으로 바꿔서 공부해 합격하였습니다.

운전면허 학원에 다니면서 운전면허 실기를 봤습니다. L,S,T 주차 한꺼번에 있는 것이었습니다. 순간 돌발도 있었습니다. 학원에서 배운 대로 하였더니 합격하였습니다.

처음에는 장인 어르신이 탔던 자가용을 운전하다 9인승 봉고를 운전했습니다. 모닝을 타다가 지금은 투싼을 타고 다니고 있습니다. 장애인이라 2종 보통입니다. 9인승 차만 몰 수 있습니다.

아내랑 두 아들은 1종 보통입니다. 큰아들은 나보다 운전을 잘합니다. 큰아들은 엄마랑 엄마 고향인 강화도 가고, 속초도 놀러 갔다왔습니다.

15. 사회복지사

+++   교회도 앞으로 사회복지를 해야 한다고 하는 목사
님이 계셔서 함께 공부하였습니다. 사회복지와 유아 교육을 함께
하는 공부였습니다. 같은 지방 5명의 목사님이 함께 공부하였습니
다. 리포트는 각자 썼지만, 중간고사랑 기말고사 등은 합력하여 선
을 이루었습니다. 약 2년 동안 사회복지랑 유아 교육을 공부하여
사회복지 2급, 유아 교육 2급 자격증을 갖게 되었습니다. 이 사회복
지사 자격증으로 나중에 요양보호사 공부를 짧게 할 수 있었습니다.

요양보호사는 나이가 들어서 공부하려고 하니 힘들었습니다. 필
기와 실기 각각 60점을 받아야 했습니다. 요양보호사 두 번 시험을
봤는데 떨어졌습니다. 한 번은 필기는 합격하고 실기가 불합격되었
고, 또 한 번은 실기는 합격인데 필기가 불합격되었습니다. 요양보
호사 공부하다가 몸도 힘들고 코로나도 걸린 적도 있습니다.

나이가 들어 공부한다는 것이 쉽지 않습니다. 두 번 요양보호사
시험을 보면서 지쳐서 안 되겠다고 싶어 시험 보는 것을 포기하였
습니다. 그랬더니 마음이 편해졌습니다. 머리가 안 아프니까 좋았
습니다. 자유라는 것, 행복이라는 것이 이런 거구나 느껴졌습니다.

16. 매일 전도 10년

+++   2012년 3월 17일(토) 오후 2시에 건빵을 들고 전도하러 나갔습니다. 주일을 제외하고 매일 전도하려고 결심하였습니다. 그 이후로 주일을 제외하고 매일 같이 전도하였습니다.

매일 전도하다가 『전도 해봤어!』 책도 내고, 교회 건물도 얻게 되었고, 전도 세미나 강사도 하고, 연회에서 전도상도 받았습니다. 선교국에서도 전도상을 받게 되었습니다.

매일 전도는 눈이 오나 비가 오나 바람이 불어도 날마다 전도하러 나갔습니다. 매일 전도한다고 교인이 늘어나는 것은 아닙니다. 그래도 가끔 교회에 들어온 사람이 있었지만 생각한 대로 부흥이 쉽게 일어나지는 않았습니다. 전도가 되지 않아도 여전히 전도하고 있습니다. 매일 전도한 지 만 10년이 넘었습니다.

매일 전도 10주년 감사예배를 드렸습니다. 인광교회 정종현 목사님께서 "빚진 자"라는 설교 제목으로 사랑의 빚 외에는 빚을 지지 말라고 말씀하셨습니다. 전도는 하는 것이 아니라 되는 것이라고 기쁘고 즐겁게 전도하자고 하셨고 의정부지역에 있는 목사님들이 오셔서 '매일 전도 10주년'을 축하하여 주셨습니다. 매일 전도

10년이 지났는데 여전히 전도하고 있습니다. 오늘도 전도하고 왔습니다. 전도는 내가 하고 열매는 하나님이 주십니다.

도전해봤어!

17. 책 출판

+++   누가 출판사에서 『전도 해봤어!』『교회학교 해봤어!』 책을 출판하였습니다. 누가 출판사에서 『도전 해봤어!』를 출판하려고 계획하고 있습니다.

『전도 해봤어!』 책은 매일 전도하는 이충섭 목사의 전도 이야기를 기록하였습니다. 전도는 하나님의 소원입니다. 하나님은 모든 사람이 구원받으며 진리를 아는 데 이르기를 원하노라고 하였습니다. 매일 전도하면서 한 영혼 한 영혼이 귀하다는 것을 알게 되었습니다. 매일 전도하여도 교회에 들어오는 사람이 적은 것을 보면서 역시 한 영혼 한 영혼이 귀하다는 것을 알게 되었습니다. 『전도 해봤어!』 책이 한 달 만에 2쇄를 찍었습니다. 감사할 일입니다.

『교회학교 해봤어!』 책은 코로나 시대에 교회학교를 어떻게 해야 하는지 질문 70가지를 한 개씩 풀어나가면서 코로나 시대 교회학교를 어떻게 운영해야 할지를 분명히 제시하였습니다.

유기성 목사님께서 "교회학교 해봤어!에는 교회학교에 대한 고민에 실제적인 방향과 해답이 담겨 있습니다. 이충섭 목사님이 30년 넘게 교회학교 현장에서 사역하면서 생생하게 경험한 노하우

와 가이드가 책에 녹아들어 있었습니다. 교회학교 사역의 구태의연한 방법론을 말하지 않습니다. 어린아이지만 '한 영혼'을 어떻게 주님께로 인도하여 주와 함께 살아가도록 도울 수 있을지 신앙교육의 본질에 대한 깊은 고민을 나누고 있습니다."라고 추천하셨습니다.

도전해밨어!

18. 해외 교회 건축

+++　　　　『전도 해봤어!』책을 출판하면서 책이 한 달 만에 2쇄에 들어갔습니다. 당시에 교회 집사님이 퇴직금, 십일조를 해 놓으신 것이 있고 책 수입 잡은 것을 가지고 남아프리카 공화국 미첼슨 플레인 교회를 세우게 되었습니다. 순수한 승리교회 헌금으로만 한 것은 아니지만 승리교회가 아프리카에 교회 건축할 수 있는 마음이 있다는 것이 감사하였습니다.

남아프리카 선교사님은 아프리카 사람들에게 신앙교육과 구제, 어린이 유치원 사역을 얼마나 잘하는지 모릅니다. 선교사님이 열심히 하니 도와주고 싶다는 생각이 들었습니다. 좀 많이 후원하고 싶었지만 작은 교회라 한계도 많이 있었습니다. 매일 전도하면서 매일 전도하는 것을 이쁘게 봐주셔서 책을 많이 사 주시고 해외 교회 건축하도록 힘을 보태 주었습니다.

지금도 해외 선교사님을 위해 많이 기도해야 합니다. 기본적으로 예배드릴 수 있는 공간과 성도들과 자녀들을 양육할 수 있는 공간이 필요합니다. 구제하는 일에도 많은 돈이 들어갑니다. 성장한 교회가 작은 교회를 돕고 해외에 있는 교회들도 도와야 합니다. 북한 선교도 해야 합니다. 이 땅에 있는 장애인 선교, 노숙자 선교도

해야 합니다. 선교하라고 물질을 주시는 것입니다.

선교사님은 하나님께서 주신 사명을 잘 감당하고 돕는 손길이 많이 있도록 성령님을 감동하게 해야 합니다.

19. 필리핀 선교

+++ 　　　　승리교회는 개척 30년이 되었는데 개척하고 난 후한 곳 선교비를 계속하고 있습니다. 필리핀 선교입니다. 승리교회에서 필리핀 선교를 하는 김문희 선교사님입니다. 김문희 선교사님은 서울 중계교회 교육전도사로 있을 때 만났던 청년입니다.

그 당시 김문희 청년은 교회 건축하고 있을 때 건축비를 제일 먼저 한 청년입니다. 어른들도 하지 못한 건축비를 아르바이트하면서 모은 돈을 건축비로 냈습니다. 청년부를 지도하고 있을 때 청년들이 교회를 사랑하는 마음으로 교회 봉사를 많이 하였습니다.

김문희 선교사님이 필리핀 목사님이신 프레이드 목사님과 결혼하면서 저에게 주례를 부탁하였습니다. 그때도 영어를 할 줄 몰라고생했는데 결혼 주례를 하였습니다. 처음보다 나중이 더 좋은 사람, 더 좋은 가정을 이루어 달라고 부탁하였습니다.

김문희 선교사님 가정에는 하영, 하송, 헤세드 3남매가 있고 두바이 선교사로 몇 년 보내고 난 후에 다시 필리핀에 와서 사역을 계속하고 있습니다.

해외 선교하는 교회들은 선교사들에게 너무 빨리 선교결과물을 요구하지 말아야 합니다. 선교는 하나님이 하시는 것입니다. 해외 선교사님들이 생활하는 것으로 걱정하게 해서는 안 됩니다. 끝까지 사랑하여 주고 격려하며 하나님께서 일하시는 것을 보아야 합니다. 국내 목회 30년 해도 사람들이 모여지기가 쉽지 않습니다. 사람들이 많이 모여서 자립하는 교회가 되면 얼마나 좋겠습니까! 다 때가 있습니다. 때를 따라 돕는 하나님의 은혜가 있습니다.

20. 커피 바리스타

+++   코로나 시대에 무엇을 하면 좋을까 생각하다가 커피 바리스타를 하는 것이 좋겠다는 생각이 들었습니다. 다행히 의정부에 커피 바리스타 자격증을 딸 수 있는 학원이 있습니다.

커피 바리스타 2급을 따기 위해 이론시험과 실기시험을 통과해야 합니다. 커피 배운지 4주 만에 필기시험을 보고 커피 배운지 8주 후에 실기시험을 통과하면 되었습니다. 일주일에 2번씩 커피를 배웠습니다. 커피를 배우면서 글라이더, 머신, 우유 데우기 등 여러 가지 작업을 할 수 있어 감사하였습니다.

내가 커피 바리스타 2급 자격증을 따면서 승리교회 새벽예배에 나오시는 권사님 두 분이 커피 바리스타 2급에 도전하게 되었습니다. 권사님들이 나이가 많아서 암기해야 할 것이 많아 걱정이었습니다. 그런데 열심히 공부하여 권사님 두 분도 합격하였습니다.

나는 다시 커피 바리스타 1급에 10번 수업을 들었는데 시험에 통과하지 못했습니다. 시험이 어려웠고 기본적으로 3단 넣는 일을 하지 못하고 구두시험도 잘 대답하지 못하였습니다. 바리스타 1급 도전에 실패했지만 그래도 언제가 바리스타 1급 시험에 도전해 보고 싶습니다.

21. 빵 만들기

+++　　　　　　코로나 시대에 무엇을 할 수 있을까? 생각하다 빵 만들기에 도전하였습니다. 처음에 빵을 만들 때는 매일같이 빵집에 갔습니다. 빵을 만들면서 카페 커피 주문도 받았습니다.

빵 만드는 그것 자체가 고통입니다. 아침 9시 30부터 저녁 6시까지 서서 빵을 만들어야 했습니다. 처음에 온 사람은 빵 만드는 과정이 길고 빵 만드는 자체가 힘들었습니다. 건강하지 못하면 온종일 서서 일하기가 쉽지 않았습니다.

지금도 빵을 만들고 있습니다. 빵 만드는 첫날부터 빵 만들기 일기를 써 놓았기에 빵 만드는 모든 과정을 기록하여 지금도 읽을 때 그때 일이 생각납니다.

빵집에서는 구제 빵, 전도 빵, 장애인 돕는 빵 등 여러 가지 빵을 제공하고 있습니다. 예수님 사랑을 느끼도록 사랑의 빵을 제공합니다. "사람은 빵을 만들고 빵은 사람을 살린다"는 12 baskets 구호입니다.

해외 선교사님이 한국에 들어와서 빵을 만들고 선교지에 빵 공장을 만들어 가는 선교사님들이 생겨나고 있습니다. 빵 선교하고 예수님의 사랑을 전하고자 합니다.

빵 카페를 하고자 하는 사람들은 빵을 가지고 카페 하면서 먹고 살기 힘듭니다. 빵 노동에 있어서 수입 창출이 쉽지 않습니다. 재료비도 많이 들고 빵 주문이 많이 들어오는 것도 아닙니다. 커피 카페도 요즘 대형 카페가 많기에 손님들의 기호에 맞는 카페가 쉽지 않습니다. 시장 조사를 잘하고 빵 주문이나 커피 주문이 많이 생기는 일이 있을 때 카페 문을 여는 것이 좋습니다. 그렇지 않으면 빵 카페 안 하는 것이 좋습니다.

저도 빵 카페 하려고 하다가 지금은 할 생각을 안 하고 있습니다. 빵집에서 빵을 만들고 카페에서 커피 주문을 받으며 좀 더 맛있는 전도 빵 만들기를 연습하고 있습니다.

22. 코칭

+++　　　　　　코칭이란 수업을 듣게 되었습니다. 김애진 소장님이 수업을 잘해 주었습니다.

"코칭이란 고객의 개인적, 전문적 가능성을 극대화하기 위해 영감을 불어넣고 사고를 자극하는 창의적인 로세스 안에서 고객과 파트너 관계를 맺는 것을 말한다. 즉 개인과 조직의 잠재력을 극대화하여 최상의 가치를 실현할 수 있도록 돕는 수평적 파트너십이며, 고객의 현재 상태에서 목표 상태에 도착하도록 함께하는 것보다 개인화된 서비스라고 할 수 있다."

"코칭Coaching은 인재 개발 기법의 하나로서, 코치와 코칭을 받는 사람이 파트너를 이루어, 스스로 목표를 설정하고 효과적으로 달성하며, 성장할 수 있도록 지원하는 과정이다."

"코칭은 고객이 스스로 목표를 설정하고 달성하도 돕는다. 그 과정에서 경청과 질문이 중심이 되는 대화를 주요 도구로 사용한다."

"코칭은 잠재력을 극대화하여 최상의 가치를 실현할 수 있도록 돕는 것이다."

코칭교육에서 많이 울었습니다. 오늘 코칭 수업을 받으면서도 많이 울었습니다. 내 마음속에서 가족에게 인정받지 못하고 살아가는 모습을 이야기해야 하는 것이 아팠습니다. 어려서부터 내가 내 이야기를 하다가 두려워서 내 마음속에 있는 말을 하지 못하고 이 이야기 하다 다른 이야기 하다 횡설수설합니다. "그래서 말하고 싶은 것이 무엇이냐?" 하는 말을 듣습니다. 내가 잘 알지 못하는 사람들에게 내 속 이야기를 할 수밖에 없었던 것이 아팠습니다.

오늘 나에게 있어서 코칭은 서로 마음을 내놓을 수 있는 용기입니다. 내가 뭔가 찾아 주고, 조언해 주고, 어떤 목표에 이르기까지 가지 않아도 마음속에 있는 이야기를 할 수 있는 사람이 한 사람만 있어도 행복한 것입니다. 코칭 속에서 잠재력을 극대화해 주고 스스로 판단하여 자기의 길을 걸어갈 수 있다면 감사입니다.

코칭을 잘하게 된다면 나는 무엇을 해줄 수 있을까? 나는 그 사람의 있는 모습 그대로를 지지해 주고 칭찬해 주고 격려해 줄 것입니다. 열심히 노력하고 힘쓰는데 그 결과가 좋지 못하더라도 있는 모습 그대로 사랑해 주고 싶습니다. 뭔가 고치거나 변화하는 것이 아닙니다. 있는 모습 그대로 인정해 주는 따뜻한 마음을 주고 싶습니다. 그리고 그 사람을 위해 진심으로 하나님께 기도해 줄 것입니다.

요즘 매일 기도해 주는 사람이 100여 명이 되는데 그 많은 사람을 위해 기도해 주는 것이 절대 쉽지 않습니다. 어느 날은 졸고 어느 날은 힘있게 기도합니다. 내 인생, 정말 나를 지지하고 신뢰해 주는 사람을 만나면 나는 어떤 삶을 살아갈 것인가? 나를 지지해 주는 사람을 만나면 행복하고 기쁠 것입니다. 이전보다 더 좋은 새로운 일을 하게 될 것입니다.

난 코로나 시대에 미래를 내다보면서 커피 바리스타 2급을 취득하고 커피 바리스타 1급을 공부하고 있습니다. 커피 공부는 더 해야 할 과정들이 있습니다.

빵 만들기를 배우고 있습니다. 동네 사람들에게 맛있는 빵을 나누어 주니 너무나도 좋아합니다. 빵을 식사 대신해서 먹는 사람들도 있습니다.

코칭 수업을 하고 있습니다. 교회학교가 살아야 교회가 삽니다. 교회학교가 살기 위해서 교회학교 분반 학습이 일방적인 강의가 아니라 상호작용 코칭 대화하면서 어린이나 학생들이 스스로 자신의 진로를 결정하도록 돕는 것입니다. 우리 교회 학생들이 자신의 꿈을 나에게 이야기해 주는 것이 행복이고 기쁨입니다.

하나님께서 나에게 새로운 길을 열어 주실 것을 기대합니다. 범사에 하나님을 인정하면 내 길을 지도하신다고 하였으니 하나님을 범사에 인정하면서 나의 가는 길을 순금같이 나오게 하시는 하나님께 영광 돌립니다.

도전해밨어!

23. 영어 회화

+++   빵집에 나오는 브라이언 목사님과 영어 회화 공부를 하였습니다.

We should always think about what God's calling is for us in our lives.

오늘은 영어 배우는 시간이 있습니다. 영어 배우는 시간에 최선을 다하여 준비합니다. 시대에 맞추어 영어 공부를 합니다. 영어 공부하기를 위해 복습하고 예습합니다. 영어 시간에 수업이 잘 진행이 되도록 노력합니다. 영어 시간에 좋은 점은 영어 발음 교정입니다. 눈에 보이는 대로 소리 나는 대로 발음하지만 브라이언 목사님은 영어 본래 발음대로 해줍니다. 발음을 한글로 써 놓습니다.

우리는 우리 삶 속에서 나를 향한 하나님의 부르심이 무엇인지 항상 생각해야 합니다. 하나님의 부르심! 이 시대에 어떻게 적용해야 할 것인가? 영력도 실력도 노력도 필요한 시대입니다.

오늘 영어 공부 중에는 영어로 축도하는 것이 있습니다.

May the grace of Lord Jesus Christand the love of God and
the Fellowship of Holy Spiritbe with you, God' people for
ever Amen

브라이언 목사님께서 일일이 잘 설명해 주시고 발음도 교정하여
주십니다.

이렇게 영어 회화 공부하면 나도 영어를 잘할 수 있을까? 그동
안 영어 회화 공부하느라 많은 시간을 보냈지만 별로 효과를 볼 수
없었습니다. 그런데 이번에는 영어 회화가 잘 될 것 같습니다. 수요
일이면 영어로 말하는 사람들이 많기 때문입니다. 영어를 사용할
수밖에 없습니다.

영어로 말하는 날을 기대해 봅니다.

도전해밨거!

24. 양육

+++ 목회하면서 예배만으로는 교회 자립하기가 쉽지 않다는 것을 깨닫게 되었습니다. 의정부 제일교회에서 먼저 양육자 25명을 배출하고 나니 새로운 양육자를 만나 일대일 양육 시스템으로 교회가 부흥하고 성장하는 모습이 있었습니다.

승리교회에서 양육 교재를 만들었습니다. 10과 정도 교재를 만들어서 양육 받을 수 있는 사람을 찾고 있었는데 승리교회에도 양육 받겠다고 하는 사람이 있었습니다. 시간상 매주 양육 받을 수 있는 것은 아니지만 시간 나는 대로 양육을 받고 있습니다. 양육을 받는다고 교재 들고 하는 것이 아니라 내가 사는 삶의 현장에서 주고받는 대화 속에서 양육합니다.

"예수님이라면 어떻게 하셨을까요?" 하는 질문으로 어떻게 결정하고 실천해야 하는지 양육합니다. 예수님 안에 내가 들어가서 그 안에서 말씀과 기도와 찬양과 감사가 나와야 합니다. 예수님을 만나면 기쁨이 결론입니다. 예수님을 만나서 행복합니다. "예수님을 만나서 복과 은혜와 평강이 넘칩니다" 하는 고백과 결심을 하게 합니다.

25. 교회 자립

+++   승리교회가 자립하는 것을 보고 싶습니다. 승리교회 30년 주년이 되었는데 주일 낮 예배는 10여 명입니다.

승리교회가 자립한 교회가 되어 교회에서 꼭 해야 할 가르치는 사역, 선포하는 사역, 고치는 사역, 구제하는 사역을 잘하는 승리교회가 되기를 희망합니다. 승리교회가 자립이 되도록 함께 기도해 주시기를 부탁합니다.

도전해봐요!

26. 의정부지방 승리교회 이충섭 목사는 누구인가요?

+++   예수님은 우리에게 "어린이와 같이 돼라"라고 말씀하셨습니다. 예수님께서 하신 이 말씀을, 여러 의미로 해석할 수 있겠지만, "순수한 마음으로 천국을 받아들이라."라는 뜻이 그 안에 포함되어 있었음이 틀림없습니다. 예수님은 또 "천국은 도전하는 이의 것이다."라고도 말씀하셨습니다. 하나님의 나라는 가만히 있는 사람들의 것이 아니라, 천국을 향해 나아가는 사람들의 것이라는 말씀입니다.

아이들을 키우다 보면 아이들은 포기하지 않고 도전한다는 것을 알 수 있습니다. 아이가 걷기 위해 1만 번을 넘어진다고 합니다. 걷는 것만이 아니고, 어떤 일이든 능숙하게 하려면 1만 시간이 필요하다고도 합니다. 계속 도전하는 사람만이 전문가가 된다는 이야기입니다. 그런면에서 이충섭 목사님은 어린이와 같습니다. 한 지방회에서 목회하면서 이충섭 목사님을 바라보면 '이번엔 뭘 해보실까?' 하는 궁금증과 기대가 생깁니다. 분명 이 목사님은 조만간 목회의 전문가가 되실 겁니다. 이 목사님의 "해봤어!" 시리즈를 계속 읽어 보신 분들이라면 누구나 저와 생각을 같이 하실 것이 분명합니다. 항상 어린이처럼 순수한 마음으로 천국에 도전하는 우리 이충섭 목사님을 사랑하고 축복하며, 목회의

달인이 되시기를 기도합니다.

오태현 목사

이충섭 목사님은 비가 오나 눈이 오나 멈추지 않는 열정으로 전도하시는 귀한 복음 전도자입니다. 어린이 같은 순수한 영혼을 가진 분입니다. 그렇기에 많은 어려움을 통과하시면서 꿋꿋하게 자기에게 주어진 길을 묵묵히 걸어가신 목회자이십니다. 끝까지 자신의 부르심을 향해 달려가시길 축복합니다. 이충섭 목사님 파이팅!

이혁훈 목사

한 영혼이 천하보다 귀하다는 말씀을 삶에서 그대로 실천하며 사시는 귀한 이충섭 목사님! 누구나 할 수 있지만 아무나 할 수 없는 것이 전도인데 십 년이 넘는 시간 동안 매일 한결같이 복음 전파에 힘쓰시는 모습이 저를 포함한 많은 이들에게 본이 됩니다. 한 영혼에라도 말씀을 잘 먹이려고 고민하시는 모습 속에 영혼에 대한 깊은 사랑이 느껴집니다. 전도는 사랑입니다. 사랑으로 사역하시는 목사님을 응원하며 존경의 마음을 전합니다.

박준일 목사

봄의 왈츠가 우리를 있는 그대로 아름답게 물들인다 한들 이충섭 목사님의 영혼의 춤을, 영혼의 왈츠를, 그 영혼의 순수함을 누가 당해 낼 수 있을까요? 절제시킬 수 없는 수많은 젊음의 열정이 이 땅에 피어오른다 할지라도 이충섭 목사님의 여름 바다 파

도전해밨어!

도와 같은 강렬하고 뜨거운 복음과 전도의 열정을 누가 당해 낼 수 있을까요? 수많은 사람을 모아 놓고 설교하는 수많은 강단이 타오른다 할지라도 작은 자들을 모아 놓고 수만 명 모아 놓고 설교하듯 온몸이 전율하듯 외치는 이충섭 목사님의 설교만큼 더 타오를 수 있을까요? 이 땅에 조지 횟필드 같은 기도의 용사가 여기저기 소리친다 한들 이충섭 목사님의 포기하지 않는 기도의 숨소리를 당해낼 수 있을까요? 부족하고 연약한 것 같지만 이충섭 목사님 그는 하나님이 인정하시고 기뻐하시는 강하고 담대한 빛의 사람임을 보십시오!

중앙연회, 한종우 감독

2장

목회 도전 해봤어!

1. 컴퓨터 모든 자료가 사라지다

● ● ●　　　　어느 주일 오후 예배 후에 다음 주일 낮 설교를 준비하느라 글로 작업을 하고 있었는데 갑자기 컴퓨터 파일이 이상해졌습니다. 컴퓨터에 있는 자료들을 볼 수 없게 되었습니다. 아무리 노력해도 자료를 볼 수가 없는 것입니다. 큰아들이 교회 사역을 끝내고 왔는데 큰아들도 이것저것 해 보아도 안 되었습니다.

페이스북에 컴퓨터가 이렇게 안 된다고 하니 랜섬웨어 바이러스에 걸린 것 같다고 하는 것입니다. 파일 복구가 어렵다는 것입니다. 내일 컴퓨터 가게 가야 하겠다고 하였더니 서울에서 목회하고 있는 동기 목사님이 전화가 왔습니다. 몇 년 전에 자기도 컴퓨터 랜섬웨어 걸려 자료를 하나도 건질 수 없었다고 하였습니다.

다음날 오전에 컴퓨터 가게 갔더니 역시 자료를 되살릴 수 없다고 하는 것입니다. 30년 넘게 만들어 놓은 자료들이 얼마나 많은지 이루 말할 수 없습니다. 그중에서도 "도전 해봤어" 원고를 200페이지 써 놓았는데 그 자료가 사라졌다니 속상하였습니다. 그렇다고 낙심만 할 수 없는 노릇입니다. 할 수 없이 컴퓨터 포맷을 하기로 하고 포맷을 하였습니다. Windows 7은 이제 안 되고 Windows 10을 해야 한다고 하여 그렇게 하라고 하였습니다. 어제 친구 목사님이 미리 자료를 찾을 수 없다는 것을 알려 주었기에 충격이 강하지 않았습니다.

하나님께서 무슨 계획을 하고 계실까요?

누구든지 그리스도 안에 있으면 새로운 피조물이라 이전 것은 지나갔으니 보라 새것이 되었도다 고후 5:14

다행히 교회 본당에 있는 컴퓨터에서 교회학교 예배 자료와 주일 낮 예배 PPT 자료를 찾았습니다. 교회학교 PPT 자료는 따로 UBS에 담아 놓았기에 감사하게 자료를 다시 입력할 수 있었습니다. 교회주보도 다음 교회 카페에 혹시나 하고 1월에 주보 원본을 올려놓았습니다. 너무나도 감사할 일입니다. 교독문 PPT도 인터넷에서 찾았고 찬송 PPT도 찾았습니다. 기도문 작성도 교회 카페에서 찾아서 몇 개를 준비하였습니다.

문제는 예배의 부름, 교회학교 예배 기도문은 다시 작성해야 할 것 같습니다. 예배의 부름의 자료가 3년이라 잘 준비되었는데 그것을 잃어버리게 되었습니다. 메일에서 감리교 장로고시예상문제를 찾을 수 있어 다행입니다. 급한 대로 교회학교 설교 준비와 교회주보 준비하는 데 큰 지장이 없을 것입니다.

오늘 아침에 전도하러 나갔습니다. 오늘 전도는 오전 7시 25분에 나갔습니다. 며칠 아침에 못 나갔는데 오늘 나와서 전도하려고 애를 썼습니다. 아침에 출근하는 사람들을 보고 몇 명에게만 인사하고 실제로 예수님을 믿으라고 전도하지 못했습니다.

오늘 아침 성경 암송입니다.

네가 네 하나님 여호와의 말씀을 삼가 듣고 내가 오늘 네게 명령하는 그의 모든 명령을 지켜 행하면 네 하나님 여호와께서 너를 세계 모든 민족 위에 뛰어나게 하실 것이라 네가 네 하나님 여호와의 말씀을 청종하면 이 모든 복이 네게 임하며 네게 이르리니 신 28:1-2

말씀이 전도입니다. 말씀대로 선포되는 교회가 되기를 소원하고 말씀을 통해 전도되는 교회가 되리라 봅니다.

2. 전도 해봤어! 책 출판하다

● ● ●　　　　　　2017년 3월 17일에 누가 출판사에서 『전도 해봤어!』 책을 출판했습니다. 2012년 3월 17일부터 주일을 제외하고 전도하기 시작하였는데 나의 전도 이야기가 책으로 나온 것입니다.

나의 전도는 이렇게 목회하다가는 여전히 작은 교회로 머물 수밖에 없겠다는 생각이 되어 매일 전도를 시작하게 되었습니다. 매일 전도하면서 힘들고 어려운 일이 많이 있어도 매일 전도를 격려해 주고 기도해 주고 후원해 주는 사람들도 많이 있어 힘이 났습니다.

책 서문에 이런 글이 쓰여 있습니다.

"결론으로 부흥이 아니라 행복입니다. 부흥하려고 힘을 쓰지 말고 행복을 위해 힘써야 합니다. 내가 행복하게 목회하면 내가 행복하게 전도하면 하나님이 그 행복한 삶 속에서 하나님의 부흥을 주실 것입니다. 나는 한국에서 목회하는 모든 목사님이 부흥이 아니라 행복한 목회가 되고 행복한 목사가 되기를 오늘도 기도합니다."

전도의 열매에 관심을 두지 말고 전도 현장에서 하나님이 일하심을 보아야 합니다. 간절한 마음으로 전도하며 목숨을 걸어야 합니다. 전도 현장을 가지고 있는 사람이 강한 자입니다.

전도는 "나가자, 만나자, 데리고 오자"입니다. 일단 전도는 나가야 합니다. 전도하러 나가면 50%는 하는 것입니다. 전도하러 나가서 사람을 만나야 합니다. 가장 중요한 것은 데리고 오는 것입니다.

『전도 해봤어!』 책은 내가 매일 전도하고 있다는 것을 알고 있어서 인지 교회에서 단체로 주문해 주고 개인적으로도 몇 권씩 사 주셨습니다. 책 출판된 지 한 달 만에 2쇄을 찍게 되었습니다. 책의 수입금으로 아프리카 미첼스 플레인 교회 건축하는 데 사용하게 되고 의정부 십대지기 선교센터를 후원하게 되었습니다.

아프리카 미첼스 플레인 교회는 영혼 구원하고 지역에 어린이 청소년들에게 미래를 열어가는 꿈과 믿음을 심어 주고 사랑으로 잘 성장하고 있습니다. 하나님의 은혜가 이곳에 함께 하고 있습니다.

여러 교회와 존귀하고 보배로운 하나님의 사람들이 저의 저서 『전도 해봤어!』를 많이 사 주셔서 고맙습니다. 그 고마움이 미첼스 플레인 교회에 건축비로 잘 전달되었습니다.

하나님이 나를 목사로 불러 주시고 선교에 동참하도록 해 주셔서 너무나 감사드리고 행복합니다. 하나님께서 작은 교회를 통해 큰일을 할 수 있도록 역사하셨습니다.

『전도 해봤어!』 책을 사 주신 교회와 개인들에게 진심으로 감사드립니다. 여러분에게 "고맙습니다."라고 꼭 전하고 싶습니다.

고맙습니다. 사랑합니다. 행복합니다.

3. 교회 월세를 받겠다고 통보를 받았다

● ● ●　　　2017년 4월 20일 중앙연회를 가기 위해 아침에 전도하고 있었습니다. 전도하고 있는데 교회 건물 주인이신 다른 교회 권사님께서 나에게 할 말이 있다고 하면서 내년부터는 교회 전세에서 교회 월세로 받겠다고 하셨습니다. 보증금 2천만 원에 월 백만 원을 받겠다고 하는 것입니다. 우리 교회 형편에 그렇게 월세 낼 수 없다고 말씀을 드리고 교회가 나가겠다고 말씀을 드렸습니다.

중앙연회를 가는 길이 마음이 편하지 않았습니다. 앞으로 지방에 지도자가 되어야 하는데 승리교회가 어디로 가야 할지 모르고 있으니 걱정이 되었습니다.

중앙연회에 다녀와서 기도하면서 부동산을 돌아다니기 시작하였습니다. 교회 전세로 가는 것보다는 작은 건물이라도 사는 것이 좋겠다는 생각이 들었습니다. 월세 내는 것보다 교회 건물 이자 내는 것이 좋겠다는 생각이 들었습니다. 교회 건물을 얻기 위해 일천 번째 기도하기 시작하였습니다.

기도 제목을 정해 놓았습니다.

1. 하나님께서 하나님의 나라와 의를 위하여 승리교회를 주시니 감사합니다.
2. 승리교회 건물을 주시고 리모델링을 할 수 있도록 물질을 주시니 감사합니다.
3. 이충섭 목사에게 영권, 인권, 물권, 언권을 주시고 설교 잘하게 하시니 감사합니다.
4. 승리교회와 담임목사를 위해 기도하는 일꾼이 있게 하시니 감사합니다.
5. 땅끝까지 선교 많이 하는 승리교회가 되고 성령 충만한 교회가 되게 하시니 감사합니다.
6. 다음 세대를 책임지는 승리교회가 되게 하시고 청년들이 많이 모이는 교회가 되게 하시니 감사합니다.
7. 승리교회를 위해 충성하는 성도 120명이 모이게 하시니 감사합니다.

4. 모리아 교회에서 설교하다

●●● 　　서울역 근처 '쪽방촌' 사역을 하는 모리아교회(담임목사 윤요셉)는 매주 수요일 외부 강사를 초청해 수요예배를 드립니다.

　어느 날 의정부 승리교회 이충섭 목사인 저는 말씀을 전했습니다. 이른바 '쪽방촌' 주민들에게 복음을 전하며 나눔의 사랑을 실천하고 있는 서울 용산구 동자동 모리아교회(담임목사 윤요셉)가 주일을 제외하고 매일 전도한 이야기로 만든『전도 해봤어!』의 저자 이충섭 의정부 승리교회 담임목사인 저를 초청해 수요예배를 드렸습니다.

　매주 외부 강사를 초청해 수요예배를 진행하는 모리아교회의 이날 설교를 전한 저는 "살아계신 하나님을 믿습니다"(마 22:32-33)라는 제목의 설교를 통해 "모든 것이 사람부터 시작된다고 하지만 모든 것이 하나님부터 시작된다"라며 "살아계신 하나님을 알아야 한다"고 강조했습니다.

　저는 "우리는 부활, 하나님의 능력, 영생을 믿는다. 예수님은 성경대로 죽으시고 성경대로 다시 사셨다"고 전하면서 "예수님은 오병이어의 기적을 행하시고 살리는 것은 "영"임을 전하였고 "믿음의 사람은 원불교(원망·불만·교만) 하지 말고 감사해야 함과 한 알의 밀이 되어, 희생과 헌신하는 것"이라고 전했습니다. 끝으로 "우리가 믿는 하나님은 죽은 자의 하나님이 아니라 살아 있는 자의 하나님입니다. 아브라함의 하나님, 이삭의 하나님, 야곱의 하나님은 나의 하나님이십니다"라며 "하나님을 나의 하나님으로 모시고 살아갈 때 복에 복이 있고 번성하고 번성하게 된다"고 권면한 뒤 "하나님을 나의 삶의 주인으로 모시고 있는가?" 반문하며 "하나님이 나의 하나님이 될 때 기적 같은 일이 나에게 일어납니다. 나는 살아 있는 자의 하나님을 믿고 살아가고 있습니다. 하나님이 기적을 행하시며, 하나님이 나를 돌보시고 인도하시고 미래를 열어 주십니다."고 선포했습니다.

이날 예배에서 "이 목사는 시종일관 호탕한 웃음으로 보기와는 다르게 우렁차고 박력 있는 말씀을 전해, 비좁고 더운 예배당에 122명이나 되는 분들이 꽉 들어차 있었지만, 그 누구 하나 졸고 있는 성도 없이 예배에 참석하신 모든 이들이 살아계신 하나님에 대한 확신을 얻어가는 의미 있는 시간이었다."라고 참석자들은 전했습니다.

서울 모리아교회는 세상에 사는 것이 힘들고 어려운 쪽방촌 사람들을 사랑해 주고 돌보아 주면서 이들에게도 영혼이 있고 예수님의 복음을 전해야 한다고 하면서 매주 수요일마다 외부 강사님을 통해 하나님의 말씀을 전하고 사랑으로 후원하고 있습니다.

5. 필리핀 다문화 선교하는 선교사님이 오셨다

●●●   우리 교회에서 필리핀 목사님과 결혼하여 필리핀에서 사역하고 있는 선교사님이 계십니다. 우리 교회에서 약 20년 동안 선교비를 보내며 기도하는 선교사님이십니다. 제가 결혼 주례도 했습니다. 이분을 교육전도사 시절에 만나서 지금까지 늘 기도하면서 믿음 안에서 동역하고 있는 분이십니다.

오늘 주일 오후 예배 때 오셔서 설교해 주셨는데 참으로 은혜를 받았습니다.

"우리의 삶에 주인이 누구입니까?
우리 가정에 주인이 누구입니까?
우리의 삶에 주인이 하나님이 맞습니까?
그 하나님은 오늘도 영과 진리로 예배하는 자를 찾고 계십니다."

선교사님께서 2014년부터 필리핀에서 다문화 선교를 하신다고 하였습니다. 그때 당시에 필리핀 목사님의 사역비가 약 20만 원 정도밖에 안 되셨다고 합니다. 선교사님의 자녀가 3명인데 그 돈 가지고 어떻게 생활하겠는가? 하면서 처음에는 선교비를 보내 달라고 기도했다고 합니다.

도전해봤어!

그러나 하나님께서 이 선교사님께 "내가 너의 삶 주인 맞느냐?" 하시면서 책망을 하셨다고 합니다. 그때 비상으로 쓰고 있던 카드를 반쪽 내어 버렸다고 합니다. 하나님께 예배드리겠다고 결심하였다는 것입니다. 그때부터 자녀들과 함께 가정예배를 드렸다는 것입니다. 선교사님의 자녀들이 다문화 속에서 자라고 있습니다. 처음에는 예배 훈련이 안 되어 힘들었지만, 차차 찬송하고 기도하고 말씀을 읽으면서 삶의 태도가 달라졌다는 것입니다.

"지금 승리교회가 어려운 일이 있는 것을 압니다. 이럴수록 하나님께 예배드리고 찬양하고 부르짖어 기도하면서 말씀을 읽고 전도하는 사람이 되어야 한다"는 것입니다.

나는 예배자입니다.
나는 찬양자입니다.
나는 기도자입니다.
나는 전도자입니다.

하나님만 의지하고 살아가면 하나님께서 나의 인생을 책임져 주십니다.

카드를 잘 사용하지 않지만 만약에 돈이 없어 카드로 결제할 때가 있는데 선교사님께서 하나님만 신뢰하는 당당한 모습의 믿음이 멋져 보였습니다.

하나님께서는 오늘 나에게 무엇을 원하실까요?

하나님만을 의지하고 예배하는 일에 더욱 힘쓰라는 것입니다. 예배가 최고의 영성 훈련입니다. 예배를 건성으로 드리지 말고 영과 진리로 예배하고 하나님을 만나는 사람이 되어야 합니다.

하나님을 만나는 삶은 다르게 삽니다.

6. 교회 건물 계약하다

●●●   교회 건물을 찾기 위해 일천 번째 기도하면서 부동산을 돌아다녔습니다. 부동산에 돌아다니다가 홍선역 근처에 있는 지하 1층에서 지상 3층인 하얀 건물을 소개받았습니다.

처음에는 건물 모양이 네모반듯하지 않고 다각도 건물이라 마음에 들지 않았습니다. 그런데 아내가 그 정도면 괜찮다는 것입니다. 지하를 본당으로 하고 1층 상가를 교육관으로 쓰면 됩니다. 건물 계약(2017년 7월)을 하고 1층 상가 신문사는 계약 기간이 내년 5월까지라 잔금 처리를 그때 하기로 하였습니다. 부동산 하는 분들이 부동산 20년 넘게 하면서 이렇게 잔금 기간이 긴 것은 처음 보았다고 말씀하셨습니다. 교회 건물 계약하고 잔금 처리를 늦게 하는 바람에 우리는 대출을 미리 받을 필요가 없고 대출에 대한 이자를 내지 않아도 되었습니다.

하나님의 은혜였습니다. 다행히 건물 주인이 지하를 쓰고 있었는데 지하에는 교회 공사를 해도 좋다는 허락을 받았습니다.

교회 건물 공사가 시작되었습니다. 중앙연회 비전교회 리모델링 사업하는 것이 있는데 중앙연회 이광석 감독님의 배려로 후원을 받게 해주셨고 교회 공사를 우리 지방 대명교회 변태영 목사님께서 책임자로 있어 우리 교회를 해주시기로 하셨습니다. 연회 후원금과 다른 교회 건물 리모델링 후원해 주는 것과 승리교회 예산을 가지고 승리교회 리모델링을 시작하였습니다.

승리교회 새 성전 리모델링을 마무리하면서 먼저 의정부지방 교역자 회의를 새 교회에서 했습니다. 새 교회에 예배당 개인 의자를 서울에 있는 어느 교회가 교회를 정리하면서 우리 교회로 가져오게 되었습니다. 새 교회에 목사님들과 사모님들로 가득 채워져 하나님께 예배드릴 수 있어 감사하였습니다.

의정부서중학교 앞에 있는 승리교회 건물이 계약되는 것도 중요한 일이고 새 교회 건물 대출받는 것도 중요한 일이었습니다. 이 모든 일에 기도하면서 지냈습니다.

기존 교회 건물은 어느 성결교회 목사님께서 계약하셨고 새 교회 건물 1층 신문사는 5월에 나갔고 1층 교육관 공사를 시작하게 되었습니다.

모든 것이 순조롭게 진행되면서 하나님의 사랑과 능력 속에서 승리교회 새 교회 모습이 드러나기 시작하였습니다. 교회 간판을 위해 우리 교회 박 집사님께서 헌금하시고 교회 예배당에 세워 놓는 나무 십자가는 거창에서 목회하고 있는 동기 이경용 목사님이 수고하고 희생하여 만들어 갖고 오셨습니다. 하나님의 은혜와 여러

도전해보거!

사람의 손길을 통해 승리교회 새 교회가 아름답게 세워지고 있었습니다. 교회 공사하는 동안 여러 목사님이 승리교회에 와서 기도하여 주신 것이 너무나 고마운 일이고 하나님께서 역사하시도록 이끌어 주었습니다.

기도 후원이 정말 감사하고 고마운 일이었습니다.

7. 아버지가 하나님의 부름을 받다

●●● 저희 부모님은 서울에서 53년 사시다가 아버님의 병으로 인하여 의정부로 이사 오셨습니다.

아버지께서 서울에 있는 아파트에 살면서 주위에 있는 친구분들이 자꾸 술을 권하고 그렇게 지내면서 몸이 많이 안 좋아지셨습니다. 이 친구들에게서 떠날 수 있는 방법은 이사밖에 없었습니다. 그래서 2016년에 의정부 아파트로 전세로 오셨습니다. 의정부에서 생활하시다가 2017년 5월 15일(월) 침샘암 4기라고 판명받고 생활하시다가 9월 11일(월) 하나님의 부르심을 받았습니다.

아버님께서 의정부로 오셔서 노인주간보호센터에 다니시기도 하였고 잘 지내시다가 몸이 안 좋으셔서 요양원에 2주 동안 계시다가 의정부 성모병원에 입원하셨다가 다시 암 환자를 받아 주는 의정부 의료원에 계시다가 하나님의 부르심을 받게 되었습니다.

아버님께서 의정부에 오신 후 매주 토요일이면 아버님을 모시고 목욕탕에 가서 목욕하였습니다. 점심으로 설렁탕을 사 드렸습니다. 아버님과 좋은 추억을 가질 좋은 기회였습니다.

사실 아버님이 의정부로 이사 오시기 전에 우리 집에 한 달간 아버님을 모시고 살게 되었습니다. 그때 아내가 아버님을 모시느라 고생을 많이 하였습니다. 그 이후로 부모님이 의정부로 이사 오게 되었습니다. 아버님이 잠깐이지만 병원에 입원하시면서 형님네 가족과 동생네 가족이 아버님을 돌보려고 애를 썼습니다.

아버님의 장례는 서울 세브란스 장례병원에서 하게 되었습니다. 아버님의 장례는 하나님의 은혜 가운데 잘 진행되었습니다. 아버님을 모실 시골 경기도 용문산 터도 잘 준비되었고 좋은 날씨라 너무나도 좋았습니다.

아버님께서 평생 우리 자녀에게 가르치신 것은 성실하게 진실하게 살라는 것이었습니다. 한평생 공무원으로 사셨고 좋은 본이 되어 주셨습니다. 무엇보다도 내가 감신대에 입학하였을 때 신앙생활을 하셨고 권사님이 되셨습니다. 의정부 승리교회에 오셔서 예배드리고 나면 늘 이렇게 말씀하셨습니다.

"이 목사, 참 설교 잘하는데, 교인들이 좀 더 많았으면 좋겠다."

아버님의 사랑과 헌신 때문에 지금까지 목회할 수 있었고 물질으로나 사랑으로 기도로 후원하고 지지해 주셨던 아버님이었습니다. 아버님께서 의정부로 이사 오셔서 좀 더 가까이 모실 수 있어 감사하고 행복했습니다.

8. 승리교회 입당 감사예배 드리다

● ● ●　　　2018년 5월 27일(주일) 오후 4시 30분에 승리교회 입당 감사예배를 드렸습니다. 입당 예배는 많은 성도가 승리교회에 오셔서 함께 예배를 드렸습니다. 설교는 중앙연회 이광석 감독님께서 "계속해서 그림을 그려라"라는 제목으로 해주셨습니다. 지금까지 하나님의 은혜로 여기까지 왔지만, 앞으로도 하나님께서 주시는 비전을 품고 계속해서 그림을 그려가라고 하셨습니다.

　축사는 제 모교회인 궁정교회 강효성 목사님께서 말씀해 주셨습니다. 전능하신 하나님께서 함께하시고 앞으로도 부흥하는 교회가 되도록 축하해 주셨습니다. 궁정교회에서는 호산나 성가대가 특별찬양으로 하나님께 영광 돌렸고, 궁정교회 성도들이 많이 오셔서 격려해 주셨습니다.

　격려사는 의정부 제일교회 윤형노 목사님께서 해주셨습니다. 믿음의 영향력을 가지고 있는 목사님께서 날마다 전도하면서 많은 사람에게 좋은 영향력을 끼치는 목사님이 되라고 격려해 주셨습니다. 부흥하기 위해서는 더 많은 눈물을 흘려야 한다고 하였습니다.

　헌금 기도는 친구 동기 목사님이신 춘천 석사교회 손학균 목사님께서 해주셨습니다. 나를 잘 알고 나에게 잘하고 있다고 늘 격려해 준 목사님이십니다.

기념품은 넘치는 교회 홍기용 목사님께서 해주셨습니다. 정말 오랜 친구 목사이고 내가 힘들고 어려운 일이 있을까! 늘 함께해 주시고 지지해 준 목사님이십니다.

입당 예배 후에 식사는 손님들이 많이 와서 두 곳으로 나누어서 했습니다. 지토리에서 갈비탕을 먹었고 경원 식당에서 부대찌개를 대접했습니다. 외부에서 오신 손님들은 부대찌개 맛을 보고 너무 맛있다고 칭찬하였습니다.

하나님께서 승리교회를 인도하여 주시고 이충섭 목사를 사랑하여 주어서 입당 감사예배를 드리게 된 것을 감사하였습니다. 모든 영광을 하나님께 돌립니다.

9. 극동방송 전도세미나가 있었다

●●●　　　　　극동방송 주최 삼인 삼색 전도 세미나가 있었습니다. 미인 대칭 전도자 김기현 목사님과 성령의 능력으로 전도하라는 황일구 목사님과 매일 전도하는 이충섭 목사가 강사였습니다.

저는 7년 동안 매일 전도하면서 받은 축복 이야기를 있는 사실대로 신나게 전하고 왔습니다.

1. 십일조 518만 원 헌금하는 성도가 생겼습니다.
2. 아프리카 교회에 건축하였습니다.
3. 자녀가 잘되고 있습니다.
4. 전도 해봤어! 책 출판하였습니다.
5. 승리교회 건물 매입하였습니다.
6. 선교비가 들어 왔습니다.
7. 집사님이 집을 샀습니다.
8. 극동방송 전도 세미나 강사가 되었습니다.
9. 다른 교회에서 강사 초청하였습니다.
10. 모든 예배를 잘 드리는 것이 감사하였습니다.

제 강의가 끝났는데 건빵을 달라고 전도 명함을 달라고 하면서 난리가 났습니다. 너무 좋았다고 하였습니다. 어떤 집사님은 자기 손목에 찬 금팔찌를 풀어 주기도 했습니다. 강의가 끝나고 질문을 받았는데 질문도 참 좋았습니다. 경찰 신고가 들어가니 어린아이들에게 전화번호를 함부로 받지 말라는 것과 종교 이야기로 논쟁하지 말라고 하였습니다. "예수님을 믿으세요."라고 조용히 해도 된다고 하였습니다.

제 강의는 매일 전도하는 현장에서 일어난 이야기를 하였기에 강의를 듣는 사람들이 많이 공감하여 주었습니다. 보통 성도들이 전도 현장에 나가서 어떻게 전도해야 하는지를 모르기에 실제로 전도는 이렇게 하는 것임을 보여 주면서 전도 세미나를 인도하였습니다.

전도하기 전에 하나님은 모든 사람이 구원받기를 원하신다고 하는데 구원이 무엇인지 질문하면서 답하였습니다.

구원이란?
1. 예수님을 믿고 죄 사함을 받는 것입니다.
2. 마귀의 자녀가 아닌 하나님의 자녀가 되는 것입니다.
3. 지옥 가지 않고 천국 가는 사람이 되는 것입니다.
4. 불안하거나 걱정하지 않고 평안을 누리며 살아가는 것입니다.
5. 불평하지 않고 감사하며 생활하는 것입니다.

이렇게 구원부터 이야기하는 것이 좋았습니다. 구원받은 사람들이 다른 사람에게 내가 받은 구원을 전하는 것인데 이러한 전도는

"나가자! 만나자! 데리고 오자!"라고 하였습니다.

전도는 이렇게 합니다.

1. 건빵이나 강냉이를 잘 받아 가는 사람에게는 "감사합니다"라고 인사하면 되고

2. 거절하고 가는 사람에게는 "안녕히 가세요"라고 하면 됩니다. 그리고 "앗싸"라고 외치라고 하였습니다. 성경에 축복을 빌어 주었는데 그 축복을 거절하면 그 축복은 비는 사람에게 돌아온다고 하였기 때문입니다. "앗싸" 할 때 기죽지 않고 전도를 당당하게 할 수 있는 것입니다.

3. 성당에 다니거나 절에 다닌다고 하는 사람에게는 "예수님을 믿어야 합니다"라고 말만 하면 됩니다. 이런 사람들과 토론하거나 싸울 필요가 없습니다.

4. 가끔 "뭐요?"라고 하는 사람에게는 "예수님 믿으세요."라고 하면 됩니다.

5. 다른 교회에 다닌다고 하는 사람에게는 "신앙생활 잘하세요"라고 하면 됩니다.

10. 새 교회에서 세례를 베풀었다

●●●　　　　승리교회 입당예배를 드린 후에 교회에 새벽예배에 오시는 장로님과 권사님들이 있었습니다. 서울에 본 교회가 있는 장로님과 권사님이 우리 교회 새벽예배에 오시기 시작하였고 의정부에 다른 교회에 다니는 권사님이 승리교회 새벽예배를 드리기 시작하였습니다.

우리 교회 근처에 사는 남자 권사님과 여자 성도님이 우리 교회에 나오기 시작하였습니다. 여자 성도님이 불교인으로 56년 동안 생활하시다가 이분이 세례를 받게 된 것입니다. 이날 세례받으려고 미용실에 다녀오셨고 남편 되신 권사님이 기뻐하셨습니다.

세례받은 성도님이 찬송할 때는 박자를 잘 마춰서 흥을 내며 찬송하는데 설교할 때는 잘 주무십니다. 그래도 교회를 잘 나오시고 주일예배, 수요예배, 새벽예배도 잘 나오셨습니다.

교회가 모든 예배를 드릴 수 있다는 것은 너무나도 감사할 일입니다. 예배를 드리고 교회가 살아 움직이는 것을 보게 하시니 감사합니다. 더군다나 교회가 세례를 베푼다는 것은 예수님을 믿지 않았던 사람들이 예수님을 믿기 시작하였다는 것입니다.

새 교회에 와서 처음으로 세례를 베풀었습니다. 목사가 세례식을 베풀고 성찬식 하는 것이 얼마나 행복한지 모릅니다. 감사하고 고맙습니다. 앞으로도 100명 정도 세례를 베풀어 주는 교회로 성장하기를 기도합니다.

도전해봤어!

11. 필리핀 깜뗀 나눔 교회에 다녀온다

●●●　　　우리 교회 온 성도들이 기도해 주시고 후원해 주셔서 필리핀 깜뗀 나눔교회 복음영성훈련을 잘 받고 왔습니다. 너무나도 감사하고 고맙습니다. 가는 날부터 하나님의 은혜였습니다.

깜뗀 지역은 빈민촌입니다. 너무나도 가난한 동네였습니다. 나무 몇 개로 집을 짓고 누울 자리도 없고 냄새도 나는데도 그곳에서 살고 있었습니다. 그곳에 복음이 들어가서 예수님 때문에 웃으면서 살아가는 모습을 보고 왔습니다. 공연도 얼마나 잘하는지요,

필리핀 사람들과 한 파트너가 되어 늘 같이 다니고 저녁 시간을 보냈습니다. 무엇보다도 승리교회에서 선교비 75만 원을 드리고 왔습니다. 선교사님께서 작은 교회인 승리교회에서 드리는 선교비를 안 받으려고 하였는데 사랑을 받으라고 했기에 그 말씀을 따라 받으셨습니다.

이번에 춘천 석사교회 선교팀이 들어왔는데 약 20명 정도였습니다. 기회를 만들어서 승리교회가 깜뗀에 꼭 가고 싶습니다. 깜뗀은 머리로 하나님을 사랑하지 않고 가슴으로 하나님을 사랑하고 이웃사랑 하는 것을 실천하고 있었습니다. 깜뗀에 있으면서 전도하러

나갔다는 것이 너무나도 감사할 일입니다.

　오늘 전도는 오후 3시에 나갔습니다. 깜뗀 사람 4명. 한국 사람 2명이 나갔습니다. 가정방문이라 찾아가 전도합니다. 남자 가장이 있는 가정에 갔습니다. 58세 가정에 갔습니다. 길거리에서 어린아이가 가슴에 수술하면서 장로님께서 눈물을 흘리십니다. 내가 안수하며 기도하였습니다. 또 다른 집에 들어갔습니다. 장로님이 말씀을 전하는데 성경 보면서 전하고 또 다른 집에서는 다른 사람이 전합니다.

　필리핀 깜뗀에서는 평신도들이 말씀훈련과 기도훈련을 너무나도 잘 받았습니다. 가정을 방문하여서 집마다 필요한 말씀을 주고 기도하는 모습을 보았습니다. 하나님께서 필리핀에서도 전도하게 하시니 감사합니다. 전에 교회에 불이 났었고 살아가는 것이 가난하고 힘들어 보이는 필리핀 깜뗀 사람들의 모습을 많이 보았습니다. 그런데도 신앙이 있는 깜뗀 사람들은 예수님 안에서 주는 기쁨과 감동이 있고 사랑을 흘려보내는 것을 보았습니다. 수요일에는 성찬식을 하고 세족식을 하는데 발을 깨끗이 씻어 주고 발에 키스해 주는 것이 감동이었습니다. 그만큼 섬기겠다는 것을 다짐하게 되었습니다.

　필리핀 깜뗀은 청소년들에게 살아 있는 하나님을 체험하게 할 수 있는 참으로 좋은 지역입니다. 왜 살아야 하는지, 왜 공부해야 하는지, 왜 신앙생활을 해야 하는지 잘 알 수 있습니다.

12. 시대에 맞게 목회하세요?

●●●　　아들과 점심을 먹으면서 이야기를 나누었습니다.

"아버지, 목회는 어떠신가요? 부흥은 없습니다. 지금 목회는 현상 유지만 잘해도 됩니다. 있는 교인들이나 관리 잘하세요. 설교 준비는 언제 하십니까? 심방을 하십니까? 시대에 맞게 목회하세요? 그렇게 전도한다고 달라질 거 하나 없습니다. 아버지는 이제 은퇴 준비나 하세요. 좀 더 성도들에게 신경을 쓰세요."

밥 먹다가 우컥 했지만 전화가 와서 이야기가 중단되었습니다.

1) 이 시대에 부흥이 없는가?
난 아니라고 생각합니다. 시대가 좀 힘들고 기독교에 비판들이 많이 있지만, 이 시대에 일하시는 하나님은 살아계신 하나님이라고 생각합니다. 그 살아계신 하나님을 목사나 성도들에게 어떻게 느끼게 할 수 있는가를 생각하고 기도해야 합니다. 내가 믿는 하나님은 죽어 있는 자의 하나님이 아니라 살아 있는 자의 하나님입니다. 현재 있는 성도들 교인들의 형편을 살펴보고 기도하고 찾아보고 격려해야 하지만 동시에 예수님을 믿지 않는 사람들에게도 열심히 전도해야 합니다. 비록 교회에 들어오는 사람이 거의 없지만 예수님을 전파하고 예수님을 믿으라고 전도하는 것은 참으로 가치가 있는 삶입니다.

2) 이 시대에 맞는 목회하세요?

성도들이 어떤 생각을 하고 있는지? 성도들의 관심이 어디 있는지? 시대에 맞는 목회를 하라고 합니다. 내가 늘 하는 성경 보고 기도하고 전도하는 것을 구시대의 산물이라고 생각하고 있습니다. 난 이 일을 계속한다고 했습니다. 시대에 뒤떨어지고 하나님과 상관없는 고집이라고 말합니다. 물론 이 시대에 사람들의 필요가 무엇인가를 채워 주어야 하는 일이 중요하지만 난 이 시대의 사람들에게 필요한 것은 진짜 예수 그리스도를 만나게 해 주는 것이라 생각합니다. 성도들이 먹고살기 위해서 애를 쓰는데 하나님과 상관없이 자기 기분 내키면 교회에 오고 안 내키면 안 오고 제멋대로 합니다. 하나님 중심과 거리가 멉니다. 이 시대의 성도들이 예수 그리스도로 옷 입고 육신의 일을 도모하지 말고 영적인 일에 참여하여 당당하게 살아가는 것이 필요합니다.

3) 은퇴 준비나 하세요?

10년 이상이나 남았는데 주어진 상황에서도 최선을 다해 전진하는 모습이 필요합니다. 난 아직도 배가 고프고 더 잘해 보고 싶은 것이 많은데 작은 교회에서는 더 많은 사람이 모여 예배드리고 기도하고 전도하는 것을 할 수 있을까? 늘 고민입니다. 하나님의 말씀대로 내게 역사가 일어나야 한다고 생각하는데 그렇게 되지 않는 것이 많습니다. 아픈 사람이 고침을 받고, 병든 사람이 건강하고,

가난한 사람이 풍요함을 누리며 살 수는 없는지? 하고 싶은 목회를 할 수 없다는 것이 아쉽습니다.

　이 시대에 매일 전도하는 목사
　이 시대에 매일 전도하는 감리사
　이 시대에 매일 전도하는 사람들

　날마다 하나님의 은혜와 평안을 체험되는 목회가 되기를 기대해 봅니다.

　아들과 대화하면서 중간에 전화가 와서 대화가 끊어지기를 잘했지, 안 그러면 마음이 상한 말이 오고 갈 것입니다. 이것도 은혜라고 생각합니다.

13. 콩나물 전도 시작하다

●●●　　　　　오늘 전도는 콩나물 전도입니다. 높은 뜻 섬기는 교회에서 콩나물을 가지고 한국교회를 섬기고 있습니다. 어느 교회가 콩나물 전도를 하다가 하지 못할 사정으로 9월부터 12월까지 콩나물 전도할 수 있는 교회로 소개받았습니다. 아는 목사님께서 나를 추천해 주셔서 오늘 높은 뜻 섬기는 교회에서 콩나물 50팩을 가지고 왔습니다. 콩나물로 전도할 수 있다는 것이 얼마나 감사한지요. 앞으로 두 주에 한 번은 콩나물 전도를 할 수 있게 되었습니다.

　콩나물 전도하기 전에 파워포인트로

　하나님은 당신을 사랑합니다.
　예수님 믿고 구원을 받으세요.
　승리교회로 오세요.
　콩나물 가져가세요.

　프린트하고 코팅하였습니다.

　원 테이블과 의자와 콩나물을 가지고 나갔습니다. 먼저 마트에 콩나물 갖다 드리고 옆에 있는 야채 가게 사장님, 미용실 원장님께

드렸습니다. 이 집은 어머니까지 나와 받아 가셨습니다. 강아지 사장님, 치킨집 사장님도 콩나물 한 개씩 가져갔습니다.

"콩나물 받아 가세요."
"왜 주시는 거예요?"
"예수님을 믿으라고, 승리교회에 오시라고요."

내가 그동안 전도하지 못했던 사람들에게도 전도했습니다. 옆에 야채 가게 사장님이 동네 사람들을 많이 아니 콩나물을 받아 가라고 거들어 주십니다.

콩나물 가지고 온 동네잔치가 열립니다. 어떤 분은 한 개 더 달라고 하는 분도 계셔서 드렸습니다. 그동안 동네 사람들에게 전도하며 인사하여 좋은 관계를 맺고 있었으므로 더 예수님의 사랑으로 다가가는 것입니다.

그동안 건빵과 꿀차로 전도한 것보다 콩나물 전도로 온 가족에게 영향을 줄 것입니다. 어떤 분은 그냥 가지고 갈 수 없다고 하면서 콩나물값 2천 원을 주고 가셨습니다. 오늘부터 콩나물 전도를 할 수 있도록 기회를 주신 높은 뜻 섬기는 교회에 진심으로 감사드립니다.

14. 지방 성회 축도 처음 하다

● ● ●   목회 27년 만에 의정부지방 연합연회 낮 집회에서
축도를 하였습니다. 지방에서 처음 하는 축도였습니다. 어제 축도
문을 써 놓고 연습을 하였습니다. 오늘 말씀을 듣고 조금 수정하였
습니다.

"이제는 잃어버린 자를 찾아 구원하여 오시는 예수 그리스도의 은혜와 모든 사
람이 구원을 받으며 진리 가운데 거하기를 원하시는 하나님의 극진하신 사랑
과 우리가 힘들 때 위로하고 힘을 주시는 성령님의 감화 감동 역사하심이 오직
믿음으로 하나 되는 의정부지방과 한 영혼이라도 귀하게 여기는 의정부지방
교회들과 대한민국 위에 영원토록 함께 하시기를 간절히 축원하나이다. 아멘"

예배 후에 지방 목사님께 축도 잘했다고 칭찬받았습니다. 점심
먹으면서 감리사님께서 앞으로 축도할 때는 이충섭 목사처럼 하라
고 하셨습니다.

축도할 때 예수님의 은혜와 하나님의 사랑과 성령님의 감동 역사
가 기본임을 잊지 말자고 하였습니다. 오늘 손들고 축도하는데 온몸
이 떨렸습니다. 다리가 후들후들 떨렸습니다. 실수하지 말자. 차분
하게 하자는 생각으로 생애 지방연합 성회 첫 축도를 하였습니다.

도전해밨어!

15. WCC가 뭐길래?

●●●   우리 교회 여자 권사님과 점심을 먹게 되었습니다. 목사님께 말씀드릴 것이 있다고 하면서 점심으로 삼계탕으로 대접하셨습니다. 그리고 카페에 가서 이야기를 나누었습니다. 이 권사님은 우리 교회에 20년 이상 다녔던 권사님이십니다.

이 권사님이 하는 말이 감리교회가 WCC에 가입된 단체라서 자기는 감리교회를 다닐 수 없다고 이야기하는 것입니다. 전에도 WCC 이야기한 적이 있어서 본인이 신앙생활을 열심히 하면 된다고 하였습니다. 그런데 권사님의 결론은 목사님은 신앙적으로 예수님을 믿으면 구원받는다고 이야기하지만, 목사님이 소속된 감리교회가 WCC(종교 다원주의)에 있는 것이 싫다는 것입니다. 목사님께서 감리교회를 탈퇴하고 목회하시면 열심히 신앙생활 하겠다는 것입니다.

권사님을 만나고 나서 WCC 공부합니다. WCC 가입된 감리교회 때문에 신앙생활을 더 할 수 없다고 하니 어찌해야 합니까?

16. 오늘 승리교회 모습이다

●●●   오늘 교회학교 예배에 우리 교회 이성수 학생의 두 친구 김선일 학생, 이진호 학생이 새로 왔습니다. 새로 와서 예배드리는데 찬양을 잘 따라 하고 성경 말씀도 잘 들었습니다. 점점 강해지는 것을 보기를 바랍니다.

예배 후에 컵라면과 과자 간식과 콜라를 먹고 용돈 1천 원씩 주었습니다. 난 학생들이 아침 9시 30분까지 나와서 예배드리는 것이 너무나도 귀해서 예배드리는 학생들에게 천 원씩 주는데 요즘에는 학생들이 조금 더 와서 주어야 할 용돈과 컵라면과 과자와 콜라를 사 주는 돈이 더 들어가게 되었습니다. 그래도 학생들이 와서 감사할 일입니다.

주일 낮 예배는 분위기가 좀 그렇습니다. 지난 화요일에 이야기했던 권사님 가정(남편, 아들)이 오지 않았습니다. 오전 예배 시간에는 아무 말하지 않았습니다. 점심 먹으면서 개인적으로 집사님들에게 이야기해 드렸습니다.

점심에는 닭볶음탕으로 맛있는 점심을 먹고 명절을 지낸 성도들에게 권사님이 팥으로 한 인절미를 주셨습니다. 우리는 인절미를 우리끼리만 먹지 않고 동네 사람들에게 배달합니다. 전에도 내가 떡 배달을 했습니다. 웬 교회에서 떡을 자주 하느냐고 하지만 맛있게 드십니다.

높은 뜻 섬기는 교회에서 공급해 온 콩나물을 성도들에게 한 개씩 드렸습니다. 콩나물국, 콩나물무침을 해 먹었는데 맛있다고 하였습니다. 우리 교회가 작지만 먹는 것, 나누는 것을 잘하고 있습니다.

오후 예배를 드리면서 김 권사님이 왜 교회를 안 나오는지 이야기를 해 주었습니다. 그러나 교인들이 WCC에 대해 잘 알지 못하는데 자세히 설명해 줄 수 없어 감리교회가 싫어서 교회에 그만 다니겠다 했다고 설명했습니다. 다른 교회를 다니는 것도 아닙니다. WCC에 가입된 감리교회가 싫다고 하였습니다.

오후에는 사도 바울의 간증이야기를 하였습니다. 예수님을 믿기 전에는 율법에 열심이었지만 예수님을 만나 변화되어 이방인을 위하여 부름을 받았다는 말씀입니다.

목회 27년 한 나는 무엇을 위해 목회하였는가? 목회하는 동안 여러 가지 이유로 인해 몇 교인들이 승리교회를 떠났습니다. 8년 전부터 이렇게 하다가는 작은 교회로 머물 수밖에 없다는 생각으로 주일을 제외하고 매일 전도하고 있습니다. 요즘 하루에 2번 전도하고 있습니다. 이렇게 전도하여도 승리교회는 여전히 작은 교회입니다.

　주일 낮 예배를 드릴 때 힘들었습니다. 찬양하는 거나 말씀 듣는 것을 보면 힘들어하는 모습입니다. 그래도 오후 예배는 얼굴이 밝아집니다. 말씀과 기도로 부흥하는 승리교회가 되기를 기대합니다. 승리교회가 부흥했다는 소식을 전하고 싶습니다.

17. 목적이 있는 양육이 필요하다

●●●   김포 양촌에 있는 교회에서 열린 "목회자 목적이 있는 양육" 세미나를 통해 많은 것을 배웠습니다.

목회는 관계다. 관계가 좋아야 한다, 관계가 잘 매어져야 한다. 1.5배 칭찬하고 창조적 관계가 되어야 한다. 가르치려고 하지 말라. 섭섭이가 찾아오게 된다. 고수가 되어야 한다. 칭찬, 격려를 해야 한다. 일하다가 사람을 잃지 말아야 한다. 사람이 중요하다. 사람을 살려야 한다. 웃음꽃이 피는 교회가 되어야 한다. 자존심을 세우지 말고 종이 되어야 한다.

목회는 재미가 있어야 한다. 목회의 내비게이션에 행복을 찍어야 한다. 인정을 받을 때 행복하므로 인정해 주어야 한다. 꿈이 반드시 있어야 한다. 열정이 있어야 한다. 실패한 베드로를 찾아 용기를 주어야 한다. 집중해야 한다. 한우물을 파야 한다. 성경적 교회를 세워야 한다.

은사는 하고 싶은 것이다. 해서 기쁜 것이다. 남이 칭찬하는 것이다. 교회 유익이 되는 것이다.

교회는 관계이며 가족이다. 예수님께서 보시는 교회가 되어야 한다.

변화를 시도해야 한다. 기쁨, 행복, 만족감, 열매가 있어야 한다. 직분 따라 일하는 것이 아니라 은사대로 일해야 한다. 사역하다가 선교를 놓치면 안 된다. 회의는 짧고(20분) 사역은 길게 해야 한다. 미팅은 임무를 위한 것이다. 조직은 단순하게(부장에서 바로 재정으로) 사람이 사역보다 중요하다.

교회는 사람이다. 영적 리더십, 섬김 지도력이 있어야 한다. 분명한 자신감을 가져야 한다. 사람을 키우는 것이다. 격려하고 칭찬해야 한다. 실수를 하지 말아야 한다. 격려하지 않으면 힘을 내지 않는다.

지도력은 영향력이다. 강력한 지도력이 필요하다. 합창단은 지휘자에 따라 달라진다. 하나님을 위해 교회를 위해 세상을 위해 자다가 깰 때다. 지금은 사역이 멋질 때다.

은사는 감사함으로 섬김은 행복함으로 행하며 꿈과 열정과 집중으로 승리교회에서 목회 행복이 넘치기를 기대합니다.

도전해봤어!

18. 평신도 전도 코칭하다

●●●   저녁때 전도 때문에 나를 찾아오신 허 집사님이 계셨습니다. 허 집사님 집은 용인이고 의정부에 아파트 방바닥 공사를 하시는 분인데 교회를 23년간 쉬시다가 성남 어느 교회를 다니신다고 하십니다.

나를 찾아와 어른 전도를 해보지 않았다고 하면서 전도를 어떻게 해야 하는지? 어떻게 전도를 매일 하시는지? 라고 질문이 많으셨습니다. 그래서 내가 전도하는 것을 자세히 말해 드렸습니다.

"안녕하세요?
예수님을 믿으세요."

라고 전도하고 잘 받아 가면 감사하다고 하면 되고 거절하면 안녕히 가시라고 하면 된다고 하였습니다. 불교를 믿는다고 하면 예수님을 믿어야 한다고 말해주면 되고 다른 교회에 다닌다고 하면 신앙생활 잘하시라고 하면 되고 뭔데? 라고 질문하면 예수님을 믿으라고 하면 된다고 하였습니다.

전도할 때 다양한 전도 용품을 가지고 나간다고 하였습니다. 건빵, 강냉이, 꿀차, 전도명함 등 이며 그중에 전도명함에 관심을 자주 보인다고 했습니다.

전도 대상자를 위해 기도할 때 "○○○복이 있을지어다. 은혜가 있을지어다. 평강이 있을지어다. ○○교회 나올지어다."라고 하면 되고 본인은 매일 기도하고 믿음의 부자, 물질의 부자가 되게 해 달라고 기도하라고 하였습니다.

허 집사님께서 내 책 『전도 해봤어』 한 권을 사셨고 의정부 유명한 짬뽕집에 가서 짬뽕을 드셨는데 너무 맛있다고 하시며 마트에 가셔서 커피 맥심을 사 주셨습니다. 교회 본당을 보시더니 인테리어를 잘하셨다고 하십니다. 너무 많은 것을 배우신다고 하시면서 의정부에 일하는 자리로 가셨습니다.

전도 때문에 평신도가 찾아와서 전도 코칭을 하게 되었습니다. 목사님들이 전도 안 하는 것이 아니라 목사님들이 전도 열심히 하시는 분들이 많다고 이야기했습니다. 이 땅에 전도하는 목사님들, 사모님들이 많이 있고 평신도들도 많이 있습니다. 우리는 모두 다 전도자입니다.

19. 10가지 감사할 내용

● ● ●   올해를 지내면서 10가지 감사할 내용이 있습니다.

1. 오늘까지 생명을 주시고 목회할 수 있게 해 주시니 감사합니다.

2. 올해 필리핀 깜뗀에 가서 복음의 기쁨으로 살아가는 사람들을 보게 해서 감사합니다.

3. 이종길, 김연숙 성도에게 집사 임명해서 감사했습니다. 김정애 권사님 가정이 교회를 떠난 것은 슬픕니다.

4. 올해 서정란 성도님, 황도일 성도님, 김연숙 성도님이 승리교회에 와서 신앙 생활해서 매우 기쁘고 감사합니다. 12월에 이인식 집사님도 오셔서 감사합니다.

5. 극동방송 전도세미나를 전국으로 다니고 지역 교회 전도세미나를 인도하여서 감사합니다.

6. 올해도 여전히 매일 전도하면서 생활하게 되어 감사합니다. 감리사 선거에 떨어져서 하루에 두 번씩 전도하게 되어 감사합니다.

7. 경민 IT고등학교 학급예배 설교하고 밀알선교회 목요예배 설교하고 의정부 십대지기 선교센터 운영위원을 계속해서 섬길 수 있어 감사합니다.

8. 교회에 많은 빚들이 갚아질 수 있어 감사하고 교회 부담금도 완납할 수 있어 감사합니다.

9. 월요일마다 감신대에 가서 조직신학 방법론, 갈라디아서 청강하며 공부할 수 있어 감사합니다.

10. 승리교회에 앞으로 예배자들이 몰려오고 예배당에 사람들로 가득 채워질 것을 감사합니다.

20. 목사가 할 일

●●●　　　어느 목사님과 대화를 나누게 되었습니다. 이 목사님은 1989년부터 알고 지내는 분이십니다. 의정부에서 목회하시다가 지금은 인천에서 목회하시는 목사님이십니다.

대화 나눈 내용입니다.

목사는 성도를 어떤 상황에서도 축복하는 사람입니다. 아무리 힘들고 어려워도 목사는 성도들을 품고 기도하고 축복하는 것입니다.

목사는 해야 할 말과 하지 말아야 할 말을 잘 구별하여야 합니다. 목사가 하지 말아야 할 말 때문에 성도가 상처받습니다. 목사는 자기 입장을 변명하지 말고 성도들을 위해 사과할 줄도 알아야 합니다.

목사는 성도 따라 움직이지 말고 하나님의 종이라는 것을 잊지 말고 당당하게 살아야 합니다. 목사는 성도들과 관계 속에서 물질을 앞세우면 안 되고 이성은 항상 조심해야 합니다.

목사는 성도들이 말씀이 들리도록 해야 합니다. 설교할 때 하나님께서 무엇을 원하는지를 분명히 알아야 합니다. 설교할 때 말씀이 눈에 쏙 들어와야 하고 귀에 들려야 합니다.

민수기 6장 하나님께서…. 원하고…. 원하고…. 원하신다. … 주시고…. 주시고…. 주신다. 하나님의 말씀이 흥왕하면 교회가 부흥합니다. 기도가 저절로 저절로 되면 부흥합니다.

다니엘이 이 조서에 왕의 도장이 찍힌 것을 알고도 자기 집에 돌아가서는 윗방에 올라가 예루살렘으로 창문을 열고 전에 하던 대로 하루 세 번씩 무릎을 꿇고 기도하며 그의 하나님께 감사하였더라 단 6:10

다니엘은 기도할 수 없는 상황에서 기도하였고 감사할 수 없는 상황에서 감사하였습니다. 목사는 화가 나도 힘든 상황에서도 감사로 대처할 수 있는 능력이 필요합니다. 감사는 능력, 감사는 축복, 이래도 감사, 저래도 감사입니다.

도전해봤어!

21. 목회는 주님을 구하는 것

●●● 목회란 주님을 구하는 것입니다. 예수님과 연결된 목회를 해야 합니다. 목회는 성도들을 잘 양육하는 것이라고 들었습니다. 목사는 성도들에게 절대로 필요한 사람입니다. 자녀는 부모가 절대로 필요하고 부모의 말을 잘 들어야 하는 것처럼 목사는 성도들에게 하나님의 말을 잘 듣게 하는 것입니다. 자기 목회를 잘하지 못하면 다른 것에 신경 쓸 필요가 없습니다. 목회에 관심을 가지고 목회가 되도록 인격과 성품이 되어야 합니다.

예수님께서 온유하고 겸손하라 하신 것처럼 온유와 겸손이 있어야 합니다. 성품이 되지 않는데 스킬만 배워서는 안 된다는 것입니다. 성도 숫자를 늘리려고만 하지 말고 있는 성도들을 잘 키워야 하고 그 성도들이 다른 사람들을 데려오도록 훈련해야 합니다. "내 양을 먹이라 내 양을 치라 내 양을 먹이라" 하신 말씀처럼 성도들을 잘 키워가는 목사가 되어야 합니다.

다시 정리하면

목회란 예수님을 구하는 것이고 성도들을 잘 양육하고 키우는 것입니다. 하나님의 말씀을 잘 듣는 목사가 되어야 성도가 하나님의 말씀을 잘 듣게 됩니다. 하나님의 말씀이 성경에 있다고 따라 오지 않습니다. 탁월한 영성으로 말씀으로 전할 때 주님이 흘려보냅니다. 생명수의 강이 찰랑찰랑 흘러넘치는 목사가 성도들에게 전인격적인 양육이 됩니다. 주님을 구하는 자가 되어야 합니다.

온유와 겸손의 본질이신 주님을 구하고 주님으로 채워질 때 온유하고 겸손하게 됩니다. 주님으로 채워가는 목사가 성도를 잘 양육합니다. 주님을 구하는 것으로 충분합니다. 목회는 하나님의 마음으로 해야 합니다. 목회는 성령의 감동으로 하는 것입니다. 내적 증거가 있는 자는 포기하지 않습니다. 담대함이 있어야 합니다. 예수님이 없으면 실패합니다. 목회는 한 사람입니다. 목회는 물과 성령으로 거듭나야 합니다.

어느 목사님이 이렇게 말씀하셨습니다.

"부흥사 목사는 교회를 세우고 담임목사를 세워 주어야 합니다. 앞으로 목회는 신본주의로 가야 하고 공감 능력이 있어야 하고 창의력이 있어야 합니다. 성경과 공감 능력이 있고 성도들과 공감 능력이 있어야 하고 공감 능력뿐만 아니라 창의력이 있어야 합니다. 승리교회가 몇 명이 되든 이충섭 목사가 하나님의 사람이고 하나님이 함께하는 사람이라는 것을 보여 주어야 합니다."

교회를 세우고
담임목사가 세워지고

신본주의로 가고

공감 능력과 창의력이 있고

하나님과 함께 하는 목사가 되겠습니다.

22. 목회자이신 이충섭 목사는 누구인가요?

예수님 명령에 순종하여 매일 전도에 힘쓰는 이충섭 목사님을 축복합니다. 더욱 건강하시고 전도 생활에 기쁨 충만하시길 기도합니다. 예수님을 도운 열두 제자, 모세를 도운 천 부장 백 부장 같은 이충섭 목사님과 함께하는 전도자들이 세워지길 기도합니다. 승리교회가 부흥의 열매가 주렁주렁 맺어지길 기도합니다.

김성기 목사

페북을 통해 접하는 매일 전도하는 목사님. 매일 한 영혼을 위해 쉬지 않고 전도하시는 목사님의 사랑을 품은 열정에 도전을 받게 됩니다. 지금 당장 눈앞에 보이는 것에 전전긍긍하며 얽매이지 않으시고 씨앗을 뿌리시며 내일의 열매를 준비하시는 목사님. 작지만 강한 교회를 이끄시는 승리교회는 분명 목사님으로 인해 하나님 사랑이 풍성한 행복한 교회임을 믿습니다. 하나님 나라가 이 땅에 이루어지는 것이 어떤 것인지를 보여 주는 목사님의 목회에 하늘 영광 가득하길 응원합니다.

강원필 목사

이분은 살짝 손대면 울컥하고 터질 것 같은 여린 마음을 지니신 분이십니다. 저 여린 마음으로 매일 전도 어찌할까 의문이 들때도 있습니다. 가끔씩 sns에 남겨진 글을 보면 힘듦이 느껴질 때가 있습니다. 하지만 그때마다 흔들리지 않는 믿음으로 다시 일어서는 것을 보며 하나님께서 일하심을 느끼게 됩니다. 하나님과 함께 묵묵히 동행하시는 이충섭 목사님을 응원합니다!!

유재경 사모

예수님을 넘 사랑하시는 분입니다. 성령님과 함께 열정적으로 날마다 복음을 전하는 분입니다. 하나님 아버지의 뜻대로 이 땅에 하나님 나라를 이루고자 기도하는 목사님입니다.

조정진 목사

이 목사님은 상당히 부지런하고 성실하며 신실한 목회자입니다. 이 목사님은 비가 오나 눈이 오나 지칠 줄 모르는 영혼을 사랑하는 전도자이며 열정적으로 말씀을 전하는 복음의 증인입니다. 이 목사님은 주님을 본받아 마음이 따뜻하며 부족한 가운데에도 늘 먼저 베풀며 후원하시는 섬김의 본이 되시는 존경스러운 목사님이십니다.

고대운 목사

꾸준함의 능력자입니다~~

김성환 목사

하나님의 마음을 담아 다가가는 목사님.

신성철 목사

목사님은 포기를 모르는 분. 연약한 자를 섬기는 분. 예수님처럼 바울처럼 같은 마음이 있는 분. 항상 싱글벙글 웃는 목사님.

홍치순 총무

이충섭 목사님은 어린아이 같은 심성으로 목회하며 영혼 구원에 목숨 걸고 꾸준히 변함없이 목회하는 목회자입니다. 늘 응원합니다.

고현종 목사

이충섭 목사님은 끈기가 한이 없으시며 성실하기가 영원하십니다. 날마다 영혼을 사랑하시는 맘으로 전도의 현장에 나가시는 모습을 뵐 때마다 존경심을 갖게 됩니다. 빵 만들기도 하시며 전도하는 모습이 아름답습니다.

이현권 목사

『도전 해봤어!』 아~가슴이 뜁니다. 『전도 해봤어!』의 저자이며 전도하는 목사님 모델이신 승리교회 이충섭 목사님은 한 교회의 자랑이며. 주님의 자랑이며 도전과 전도의 아이콘! 긍정의 아이콘이시고, 지난 12년 동안 단 하루도 안 빠지고 현장에서 전도를 실천한 진실로 훌륭한 목회자이십니다. 상가 개척교회의 어려움을 극복하기 위해 눈물과 기도로 몸부림치며 전도하다가 3층 상가건물을 매입하는데도 도전하여 아름다운 성전으로 봉헌하는 큰 열매로 스스로 작은 교회 희망의 아이콘이 되신 존경받는 목사님이십니다. 이번에 다시 한국교회 목회자 · 성도들에게 도전의 아이콘답게 『도전 해봤어!』 책을 출간하여 한국교회 목회자들께 코로나19 이후 새로운 도전을 외치는 모습 너무너무 아름답습니다. 자랑스럽습니다.

김기현 목사

내가 아는 이충섭 목사는 영이 참 맑고 고운 사람, 순수하다 못해 참 이슬 그 자체고, 생각만 해도 참 좋은 사람, 그리고 한국 감리교가 낳은 최고의 복음 전도자이고 학자~ 우리 충섭 아우를 진심으로 존경하고. 승리의 목장이 더 푸르고 더 행복하고, 한국교회에 더 크고 귀하게 쓰임 받을 수 있기를~~^^

김명균 목사

끊임없는 도전…. 이충섭 목사님께 어울리는 적절한 표현인 것 같습니다. 전도도, 빵 만들기도, 그 외 다양한 섬김도 계속해서 도전하는 모습이 도전되네요.^^ 목사님의 수고와 섬김에 하나님께서 자라게 하시며 열매를 맺게 해 주실 줄 믿습니다.

박은영 교수

이충섭 목사님은
1. 효도하고는 거리가 먼 불효자입니다. 넉넉지 못한 목회자이기에 용돈 한번 제대로 드리지 못하고 살았습니다. 바쁜 설교 준비와 기도 생활에 자주 찾아뵙지도 못했습니다. 따스함마저 없어서 부모님께 먼저 다가가지도 못했습니다. 오히려 부모님에게 부담이 되는 아들이었고, 무엇인가를 얻어 와야 하는 불효자이었습니다. 번뜻한 성공신화를 이루어내지도 못해서 부모님을 자

주 실망하게 해드린 못난 아들입니다.

2. 구박받는 남편입니다. 신혼 초부터 삶이 순탄하지 않았습니다. 넉넉하지 못한 환경에 빠듯한 살림살이로 결혼생활을 출발했습니다. 친정의 극심한 반대에도, 남편을 신이 내린 선물로 받아들인 아내 덕분에 결혼에는 성공했지만, 결혼생활은 만만치 않았습니다. 너무 귀한 아내이기에 끌려다닌 삶이 30여 년입니다. 소리 한번 못 치고 살아왔습니다. 아내의 명령을 하나님 명령 다음으로 알고 순종하며 삽니다. 아주 불쌍해 보일 만큼……

3. 인정받지 못하는 아버지입니다. 쌍둥이 아들들에게 늘 걸림돌 같은 아버지입니다. 아버지 때문에 안 되는 일이 너무 많은 것같은 아들들입니다. 아버지가 일찍 철이 들었다면, 아버지가 좀 자랑스러웠다면, 우리 아버지가 부자였다면…… 늘 아버지로 인한 아쉬움이 가득한 아들들이기에 아버지를 높이 인정하지 못했습니다. 때로는 자녀들에게조차 무시당하는 아버지입니다.

4. 외로운 목회자입니다. 교인들이 많지는 않지만 돌아보아야 할 양 떼와 소 떼를 살피곤 합니다. 그러나 늘 혼자라는 생각을 지울 수는 없습니다. 함께 교회를 만들어가고 싶은데, 함께 하나님의 선한 능력을 공유하고 싶은데, 더 다가가지도, 더 다가오지도 않는 교인들이 있습니다. 또, 더불어 웃고 싶은 친구들, 동료 목회자들이 있지만, 선뜻 먼저 다가가지 못하는 아쉬움이 있습니다. 많은 사람들 속에 살지만, 오늘도 혼자일 때가 많은 외로운 목회자입니다.

5. 허전한 전도자입니다. 꾸준히 전도하지만, 열매가 많지 않습니다. 꾸준히 내 안에 계신 예수님을 전하고 있지만 들으려 하는 이들이 적습니다. 나는 좋은데 그들은 나를 좋아하지 않습니다. 빵도 만들고, 과자도 나누고, 커피도 내려줍니다. 그래도 특별한 열매가 없습니다. 그렇게 많은 시간을 충실히 지내왔는데 이토록 열매가 없을까 할 만큼 허전한 전도자입니다.

✱ 그럼에도 불구하고 그는 오늘도 웃음을 간직하고 있습니다. 내 안에 계신 성령님의 힘으로 웃습니다.

✱ 큰 효도는 하지 못했지만, 아버지 돌아가신 후 홀로 남은 어머니를 가장 측근에서 모시고 삽니다. 어머니를 위해 가장 많이 기도하는 아들입니다.

✱ 큰 사랑은 받지 못했지만, 여전히 그날의 감격으로 아내를 사랑하는 남편입니다. 나를 나 되게 해준 고마움을 알아 많은 잔소리를 꿀 소리로 바꾸어 듣습니다. 그는 오늘도 사랑하는 아내의 말에 귀 기울이는 착한 남편입니다.

✱ 큰 인정이나 박수는 받지 못했지만 오늘도 아들이 잘되기를 바라며 숨죽여 기도하는 아버지입니다. 행여나 아들의 앞길에 방해가 될까 조심하며 아들을 축복하는 아버지!

✱ 큰 교회는 아니지만, 여전히 주어진 작은 양 떼를 위해 기도하

는 목회자입니다. 교회를 지켜 주는 저분들과 함께 하나님의 나라에 가기 위해서, 오늘도 교인들을 마음에 품고, 동료들을 마음에 품고 하늘 아버지께 그들의 평안과 행복을 구하는 기도자입니다.

✳ 큰 열매는 없었지만, 오늘도 씨를 뿌리러 나갑니다. 언젠가는 하나님께서 해 주시겠지……. 오늘은 아니지만 언젠가는…….

✳ 이충섭 목사님은 먼 미래를 바라다보며 오늘도 심는 사람입니다. 지식이나 언변이나 체력이나 매너나 모든 면에서 부족할 수 있습니다. 교양도 상식도 부족할 수 있습니다. 그러나 그에게는 남들이 가지지 못한 성실함과 꾸준함이 있습니다. 솔로몬이 아버지 다윗을 기억하며 떠올렸던 세 단어가 있습니다.

'성실, 정직, 공의로움!!'

하나님을 사랑하기에 다윗은 성실하게 정직하게 공의롭게 살 수밖에 없었습니다.

이충섭 목사님 안에는 성령 하나님이 계십니다. 그분으로 인하여 그는 오늘도 아무 열매가 없어 보이는 삶을 그토록 열심히 살아내고 있습니다. 이 세상 마치고 하나님 앞에 서는 날까지. 변함없이 하나님 한 분을 바라보며 지금껏 살아오던 바로 그 삶을 이어가주시길 부탁합니다.

이구영 목사

도전해볼거!

3장

코로나 도전 해봤어!

1. 코로나19로 인한 주일 예배에 감사하다

■ ■ ■ 　코로나19로 인한 주일 예배를 드리고 있다는 것이 감사할 일입니다. 오늘은 3월 월삭 새벽예배입니다.

> 이는 그가 너를 새 사냥꾼의 올무에서와 심한 전염병에서 건지실 것이로다
> 시 91:3

하나님은 나의 피난처이십니다. 하나님은 나의 요새이며 내가 의뢰하는 하나님이십니다. 그 하나님이 새 사냥꾼의 올무에서 건지시고 심한 전염병에서 건지십니다. 재앙이 네게 가까이하지 못합니다. 재앙이 네 장막에 가까이하지 못합니다. 하나님께서 그의 천사들을 명령하사 네 모든 길에서 나를 지켜주십니다. 하나님을 사랑한즉 그 하나님이 나를 건지리라.

교회학교 예배는 우리 교회 학생과 청년들이 많지는 않지만 다 나와서 예배를 드렸습니다. 한 고등학생은 예배 시간을 맞춰 오느라 양말도 신지도 못하고 교회에 와서 예배드렸습니다. 오늘 말씀은 에스라 7장 10절입니다.

에스라가 여호와의 율법을 연구하여 준행하며 율례와 규례를 이스라엘에

우리 학생들에게 그리스도의 사람으로 꿈과 믿음으로 살아가는 사람이 되기를 결심한 사람이 되라고 하였습니다. 앞으로 행정고시를 보고, 훌륭한 사범이 되고자 서울대를 지원하겠다는 학생을 응원합니다. 나는 꿈을 가지고 살아가는 사람들을 절대로 비난하지 않고 잘해 보라고 응원해 줍니다. 영어 성경으로 주기도문과 시편 23편을 암송하기를 기대해 봅니다.

주일 낮 예배입니다. 주일 낮 예배를 드리기 위해서 오전 10시 50분까지 와 달라고 부탁하였습니다. 예배드리기 전에 어떤 사람이 오늘 예배드릴 수 있냐고 물어보는 사람이 있었습니다. 우리 교회 집사님 한 분이 외부 사람을 절대로 받아 주지 말라고 신신당부하였습니다. 그래서 오늘은 외부에서 오신 사람을 받지 않는다고 말씀하였습니다. 이분은 자가용을 타고 와서 물어보기에 대답해 주었고 다른 곳으로 갔습니다. 우리 교회 권사님들과 집사님들과 성도님들이 결석 없이 다들 참석하였습니다.

예배드리기 전에 교회 출입문을 잠가 두었습니다. 오늘 예배 말씀은 마태복음 4장 1-11절입니다.

우리는 마귀의 시험을 어떻게 극복해야 할까요? 성령에 이끌리어 시험을 이기려면 우리가 어떻게 해야 하는지를 본문에서 알려주고 계십니다.

1. 성령에게 이끌리어야 합니다.

요한복음 7장 38절로 39절에 "나를 믿는 자는 성경에 이름과 같이 그 배에서 생수의 강이 흘러나오리라 하시니 이는 그를 믿는 자들이 받을 성령을 가리켜 말씀하신 것이라"

2. 기록된 말씀에 뿌리를 내려야 합니다.

마귀가 와서 예수님을 유혹할 때 예수님은 결코 즉흥적으로 대답하지 아니하시고 신명기 성경을 인용하셨습니다. 예수님은 당시 있었던 구약성경을 늘 읽고 계셨음을 증명하는 말씀입니다. 예수님의 대답에 공통점이 있습니다.

신명기 8장 3절, 시편 91편 11-12절, 신명기 6장 16절 세 마디 모두 성경을 인용하셨습니다.

3. 마귀는 떠나게 되어 있습니다.

마귀가 예수님을 시험한 것처럼 마귀가 우리를 시험합니다. 무슨 시험을 할까요? 예수님과 똑같습니다. 경제적 시험입니다. 명예적 시험입니다. 종교적 시험입니다.

오늘 예배드리는 집사님이 결혼 20주년이 되었습니다. 나의 첫 주례자이지요. 집사님이 "나에게 20년 동안 기도해 주셔서 너무나 고맙습니다. 항상~ 기도해 주셔서 애들이나 저희 가정이 복 받고 잘살고 있어요. 늘~감사합니다."라고 인사를 합니다.

도전해봐여!

주일 낮 예배 후에 온 성도들이 점심을 먹었습니다. 우리 교회가 점심을 먹어야 할 이유는 우리 교회 성도님들 중에 교회에서 식사하는 것을 너무나도 즐거워하는 분들이 많기 때문입니다. 입맛이 없어도 교회에 와서 밥을 먹으면 너무나도 잘 드시기 때문입니다. 한두 사람이 아닙니다. 대부분 사람이 교회 식사를 좋아하십니다. 이 일을 위해 수고하고 애를 쓰고 있는 아내에게 고마움을 느낍니다.

오늘 오후 예배는 안 드리기로 했습니다. 내가 목회하면서 예배를 생략해 본 적이 거의 없습니다. 예수님을 믿는 사람들은 예배 중심으로 살아야 합니다. 예배 중심으로 살아가는 사람들은 힘들고 어려운 일이 있을 때 예배로 이겨 나갈 힘을 갖게 됩니다.

새벽예배는 내가 성도님들을 위해 기도해야 하므로 한다고 하였고 수요예배도 한다고 하였습니다.

오늘까지 코로나19 때문에 교회에서 예배드리지 못하는 교회들이 많이 있습니다. 그 교회 나름대로 고민하고 결정한 것을 소중히 여깁니다. 성도들을 위해 귀한 결정이라고 생각합니다. 그런데 도에서나 시에서 예배를 영상이나 기도로 하라고 하는 것은 아닙니다. 예수님을 믿는 사람에게는 안식일을 거룩히 지키라는 말씀을 기억하고 예수님께서 죽음을 이기시고 부활하신 주일을 기념해서 드리는 주일 예배는 생명같이 여기는 교회에 나라에서 예배 중지하라는 것은 말도 안됩니다.

아들이 아버지는 대한민국 사람입니까? 하나님의 나라 백성입니까? 물었습니다. 나는 대한민국 사람이지만 나의 근본은 하나님의 나라 백성으로 살아갑니다. 나는 전능하신 하나님을 믿습니다. 나는 예수님이 나의 구원자, 나의 치료자이심을 믿습니다. 나는 예수님의 십자가와 부활을 믿습니다. 나는 하나님의 말씀이 나의 삶의 기준임을 선포합니다.

2. 코로나19로 인해 주일 예배가 힘들어지다

■ ■ ■　　　오늘 주일 낮예배는 불안했습니다. 오전부터 집사님이 교회에 못 오시겠다고 연락이 왔습니다. 다른 집사님은 연락 없이 교회에 안 오셨습니다. 코로나19로 인해 주일 예배드리기 힘들어졌습니다. 코로나19로 인해 중앙정부와 지방자치단체에서는 확진자가 매일 늘어나는 추세로 전 국민의 자발적 동참이 요구되는 상황에 이르고 사회적 거리두기 운동을 급속도로 전개하고 있습니다. 코로나19 확산 방지를 위해 각 교회 및 관리시설 안에서 신도들이 모여서 예배를 드리지 말고 온라인 영상예배로 전환하시거나 일시적으로 중지하여 주시라고 강력히 요청하였습니다.

그런데도 승리교회는 주일예배를 드렸습니다. 그리고 점심은 먹지 않았고 오후 예배는 안 드렸습니다. 어느 날 주일 낮 예배를 드리려고 하는데 예배 PPT가 저장되지 않고 지난주 예배 PPT였습니다. 예배드리기 5분 전에 발견하여서 찬송가 PPT가 있어 찬송만 PPT를 제공하였습니다. 예배 PPT가 제대로 제공되지 않아서인지 예배 분위기가 어수선한 느낌이 있었습니다.

예배 전부터 의정부에 확진자가 있다고 문자가 왔습니다. 오늘 종려 주일, 고난주간이 시작되는 주간인데 너무나도 중요한 설교라고 생각하는데 말씀을 선포하는데도 "아멘"이 없고 말씀이 성도들의 분위기에 끌려가는 것 같은 느낌을 받습니다. 말씀의 파워가 있어야 하는데 그렇지 못했습니다.

오늘 말씀은 "십자가의 도가 멸망하는 자들에게는 미련한 것이요 구원을 받는 우리에게는 하나님의 능력이라"입니다. 십자가는 구원의 능력이 있습니다. 화목의 능력이 있습니다. 치료의 능력이 있습니다. 승리의 능력이 있습니다.

오늘 예배에는 전에 우리 교회에 왔던 성도 한 사람이 왔고 대부분 성도가 와서 예배드렸습니다. 그런데도 뭔가 아쉬운 점이 있습니다. 기독교는 예수님의 십자가와 부활을 믿는 신앙입니다. 예수님의 십자가와 부활을 확실히 믿고 살아가야 합니다.

부활주일 전에 성도들에게 문자를 보냈습니다. 1. 내일 부활주일입니다. 교회에서 예배드립니다. 2. 교회에서 예배드리기 힘든 분은 가정에 있으셔도 됩니다. 3. 점심 대신에 교회에서 준비한 것은 구운 달걀 2개, 인절미, 컵라면, 음료수입니다. 4. 죄와 사망의 권세를 이긴 부활절을 예수님과 함께 승리교회에서 함께 하기를 기도합니다. 5. 국회의원 선거 꼭 투표하시기 바랍니다. 6. 코로나19가 속히 사라지기를 기도해 주시기 바랍니다. 7. 승리교회 예배가 온전히 회복되기를 기도합니다.

도전 재밌어!

3. 교회 다니는 사람 하나도 안 부럽다

■ ■ ■　　　점심에 의정부 드림 교회에 목회하고 있는 장로교 목사님을 만났습니다. 요즘 페이스북에서 글을 잘 쓰고 계셔서 한 번 식사하자고 하였습니다. 저를 만나는 분들은 제가 쓴 『전도 해봤어!』 책을 선물합니다. 그러면 대부분 책을 쓰고 계신다는 분과 앞으로 책을 내고 싶다는 목사님이 계십니다. 그러면 어떻게 책을 써야 하는지를 말씀해 드립니다. 제 책을 한번 훑어 보시면서 글이 간단하고 그림이 그려져 있고 읽기 편한 것 같다고 꼭 읽어 보시겠다고 하십니다.

글을 쓸 때 안내해 주신 김 목사님이 계셨는데 그분이 글을 쓸 때의 요령을 알려 주셨습니다.

1. 스토리를 보이듯이 실감 나게 묘사한다.
2. 문장을 짧게 짧게 쓴다.
3. 그리고 그래서 그러나 등의 접속사는 99% 쓰지 않는다.
4. 정말, 진짜, 엄청 등의 형용사를 되도록 쓰지 않는다.
5. 진정성 있게 솔직하게 쓴다.
6. 미사여구나 어려운 한자 말, 사자성어나 외래어를 피한다.
7. 문법에 맞게 쓴다.

길거리를 지나가고 있는데 어느 사람이 전도하고 있었습니다.

"교회 다니는 사람 하나도 안 부럽다. 신천지 때문에."
"그래요. 신천지는 믿으면 안 돼요. 기독교를 잘 믿으세요."

요즘 교회에 나오시는 분들이 나에게 설교를 좀 더 은혜롭게 재미있게 할 수 없느냐고 합니다. 일하고 와서 예배드리는데 설교가 그게 뭐냐고 하나도 감동이 없다고 말합니다.

30년 넘게 설교해 왔는데 설교가 힘들고 10년 이상 전도하였는데 여전히 전도가 힘듭니다. 의미가 있어야 하고 흥미가 있어야 하고 재미가 있어야 하는데 그렇지 못합니다. 사람을 좀 만나거나 하나님의 역사가 있으면 설교나 전도가 현장감이 있을텐데… 그렇다고 가만히 교회에 있으면 아무런 사건이 일어나지 않으니 나의 고민입니다.

교회 부흥!
설교!
전도!

나의 관심인데 잘 해결될 수 있을까?

도전해보거!

4. 재난 지원금을 받는다

■ ■ ■   코로나19로 인해 지역 경제가 좋지 않습니다. 그리하여 경기도에서는 재난 지원금 10만 원을, 의정부시에서는 5만 원을 주었습니다. 포천시에서는 40만 원이나 주었습니다. 나라에서도 4명의 가정당 100만 원 지원하려고 하는 중입니다. 이렇게 어려운 시국에 경제를 살려야 한다는 생각으로 나라에서 지역 경제를 살리려 애를 씁니다. 건물주들은 세입자들의 월세를 50% 줄여 주는 사람들도 있습니다.

코로나19로 인해 교회들이 예배를 잘 드리지 못하기에 교회 헌금들이 많이 부족함이 생기게 되었습니다. 월세가 있는 교회들이 있고 월세를 안 내지만 교회 운영비가 부족한 교회들이 많이 생겼습니다. 이런 사실을 알고 감리교회 연회별로 비전교회에 코로나 지원금을 지급하였습니다. 우리 중앙연회는 비전교회만 하지 않고 비전교회를 포함하여 약한 교회들을 적은 금액이지만 지원하여 주었습니다. 의정부지방에서도 적은 금액이지만 작은 교회를 도왔습니다.

이런 일이 일어나기 전에 모교회인 궁정교회 담임목사님께서 코로나19로 어떻게 지내냐 하시면서 교회 형편을 알아보셨습니다. 전화 왔을 때 솔직하게 이야기를 했습니다. 승리교회는 월세를 내지 않지만 매주 들어오는 헌금에서 마이너스가 있다고 하였더니 모교회에서 역시 후원금을 보내 주셨습니다. 감사하고 고마운 일입니다. 우리 교회를 후원하고 있는 어느 교회 담임목사님이 전화 주셨습니다. 그 담임목사님은 월세가 있는 교회를 돕겠다고 해서 승리교회는 월세가 아니라고 말씀을 드렸습니다. 이 교회는 우리 교회를 매달 후원하고 있어 감사하지요. 힘들고 어려울 때는 몇만 원도 귀하고 소중합니다.

그러다가 우리 지방에 제일 큰 교회인 의정부 제일교회가 의정부지방에 교회 중 경상비 8천만 원 이하 교회를 돕게 되었다고 소식이 왔습니다. 지방 감리사님께서 나에게 전화를 해서 "의정부 제일교회에서 지방 교회를 도와주려고 하는데 지방 회계 목사님의 문자로 알리고 각 교회 통장으로 보내는 일에 대해" 이야기하셨습니다.

지방에서 각 교회에 도우려고 할 때는 각 교회 담임목사님의 입장도 생각해서 통장으로 보내 주는 것이 깔끔하고 좋다고 말씀을 드렸습니다.

큰 교회가 작은 교회를 돕는다고 하면서 많은 성도가 있는 곳에 나누어 주는 것을 볼 때 작은 교회에 대한 배려가 부족하다는 생각이 든 적이 있습니다. 물론 선교비를 주는 교회에서는 작은 교회들에게 분명히 나누어 준다는 것을 보여 주고 헌금한 그 교회 성도들에게도 보람을 느끼게 하는 것은 좋겠지만 따뜻한 마음으로 받아

가는 교회 입장을 더 배려하면 좋습니다.

의정부 제일교회에서 지방 코로나 지원금을 후원하여 승리교회에서도 후원받아 감사의 문자를 드렸고 답장도 왔습니다.

"너무나도 감사합니다. 힘들고 어려운 가운데서 지방을 도와주시고 승리교회를 도와주셔서 감사합니다. 기쁜 마음으로 목회하도록 도와주셔서 고맙습니다. 주신 것 잘 사용하여 하나님께 영광이 되도록 하겠습니다. 진심으로 감사합니다."

"목사님, 힘든 시기를 잘 이겨내시고 목양에 승리하시기를 기도하겠습니다."

지원받은 것으로 어차피 내야 하는 부담금을 내고 그동안 읽어보아야 할 책들을 왕창 샀습니다. 교회를 든든히 세우려면 담임목사의 실력이 좋아야 합니다. 영성, 지성, 건강이 중요하기 때문입니다.

지금은 다른 교회에서 지원받지만 내 마음은 항상 나도 다른 교회를 지원하리라는 생각을 하고 있습니다. 작지만 20년 넘게 선교하는 곳도 있고 앞으로 선교해야 할 곳이 있기에 소망으로 오늘도 살아갑니다.

5. 텃밭이 주는 기쁨이 있다

■ ■ ■　　교회 1층 뒤에 조그만 텃밭이 있습니다. 여기에는 상추, 파, 토마토, 배추, 열무 등을 심어 놓았습니다. 제가 씨를 심었고 물을 줍니다. 매일같이 물을 주면서 싹이 나는 것을 보면 즐겁습니다. 심으면 반드시 자라납니다. 그런데 고양이가 가끔 와서 밭을 헤쳐 놓으면 그곳에는 싹이 안 나옵니다.

텃밭에서 자라나는 여러 가지 채소에 물을 주는 것은 거의 매일같이 전도하고 있는 나에게 위로가 됩니다. 매일 나가서 전도하여도 사람들이 전도되거나 교회에 오는 사람들이 없을지라도 열심히 뿌리다 보면 열매를 거두리라는 생각입니다. 사람들이 들어오는 것은 눈에 보이지 않지만, 텃밭에서 자라나는 채소를 볼 때 분명히 자라고 열매를 거둡니다. 밭에서 가지고 온 채소는 너무나도 맛있습니다. 자연이 주는 기쁨입니다.

하나님께서 나에게 무엇을 원하실까? 날마다 질문하고 생각해 봅니다. 예수님 안에 거하랍니다. 열매를 거두든지 안 거두든지 신경 쓰지 말고 예수님 안에서 실망하지 말고 열심히 뿌리라고 하십니다. 반드시 열매를 거둘 것이라 하십니다.

6. 승리교회 칭찬 100가지

1. 승리교회의 주인이신 예수님이 계십니다.
2. 예수님께서 이끄시는 교회입니다.
3. 예배자로 복 받는 교회입니다.
4. 하나님의 말씀대로 선포하는 교회입니다.
5. 부르짖는 기도로 치유하는 교회입니다.
6. 사랑으로 다음 세대를 책임지는 교회입니다.
7. 믿음으로 하늘 문을 열어가는 교회입니다.
8. 성령과 지혜로 칭찬받는 교회입니다.
9. 매일 전도하는 교회입니다.
10. 매일 새벽예배 하는 교회입니다.
11. 매일 성경 보는 교회입니다.
12. 매일 기도하는 교회입니다.
13. 매일 축복하는 교회입니다.
14. 매일 칭찬하는 교회입니다.
15. 매일 웃는 교회입니다.
16. 매일 은혜가 넘치는 교회입니다.
17. 매일 믿음으로 선포하는 교회입니다.
18. 매일 감사가 있는 교회입니다.
19. 매일 지역을 사랑하고 축복하는 교회입니다.

20. 매일 소망이 넘치는 말을 하는 교회입니다.

21. 매일 전도하는 목사님이 계십니다.

22. 매일 성도들을 위해 기도해 주시는 목사님이 계십니다.

23. 매일 하나님의 말씀을 전해 주시는 목사님이 계십니다.

24. 매일 하나님의 말씀을 은혜롭게 전하는 목사님이 계십니다.

25. 매일 하나님의 말씀을 쉽게 전해 주시는 목사님이 계십니다.

26. 매일 하나님의 말씀을 읽고 말씀을 연구하는 목사님이 계십니다.

27. 매일 성도들을 말씀으로 이끌어 주시는 목사님이 계십니다.

28. 매일 성도들에게 새벽 말씀을 카톡으로 보내는 목사님이 계십니다.

29. 매일 하나님의 말씀을 짧게 전해 주시는 목사님이 계십니다.

30. 매일 묵상한 말씀을 전해 주시는 목사님이 계십니다.

31. 매일 교회를 위해 기도하는 사모님이 계십니다.

32. 매일 성도들을 위해 기도하는 사모님이 계십니다.

33. 매일 하나님의 사랑을 받는 사모님이 계십니다.

34. 매일 하나님의 은혜를 받고 밝게 사는 사모님이 계십니다.

35. 매일 하나님과 동행하며 감사하는 사모님이 계십니다.

36. 매일 하나님의 형통하심을 맛보는 사모님이 계십니다.

37. 성도들을 위해 맛있는 음식을 해 주는 사모님이 계십니다.

38. 매번 음식이 맛있기로 소문난 사모님이 계십니다.

39. 성도들을 사랑하고 눈물을 보이는 사모님이 계십니다.

40. 성도들에게 뭔가 하나라도 더 챙겨 주는 사모님이 계십니다.

41. 주일예배에 거의 다 나와서 예배하는 성도님이 계십니다.

42. 목사님의 설교가 최고라고 하는 성도님이 계십니다.

43. 목사님이 부흥사로 전국에서 설교하라고 기도하는 성도님이 계십니다.

44. 목사님의 설교가 은혜가 되고 감동이 된다고 말하는 성도님이 계십니다.

45. 목사님의 설교가 짧아서 좋다는 성도님이 계십니다.

46. 목사님의 말씀을 듣고 힐링이 된다는 성도님이 계십니다.

47. 목사님의 설교보다 사모님의 애찬을 사랑하는 성도님이 계십니다.

48. 사모님의 음식 때문에 교회에 온 성도님이 계십니다.

49. 사모님의 애찬 때문에 행복한 성도님이 계십니다.

50. 사모님 때문에 교회 정착한 성도님이 계십니다.

51. 아프리카에다 교회 건축한 교회입니다.

52. 필리핀에 선교비를 보내는 교회입니다.

53. 키르기스스탄 선교를 위해 기도하는 교회입니다.

54. 건빵, 강냉이, 콩나물로 전도하는 교회입니다.

55. 지역에서 좋게 소문난 교회입니다.

56. 예배하는 자들이 행복한 교회입니다.

57. 자신의 사명을 깨닫는 교회입니다.

58. 하나님의 말씀과 기도로 거룩한 교회입니다.

59. 다음 세대가 신나서 다니는 교회입니다.

60. 미래가 잘되어가는 교회입니다.

61. 하나님이 하시니 된다고 외치는 교회입니다.

62. 하나님이 하시니 쉽다고 말하는 교회입니다.

63. 하나님의 말씀을 사랑하고 읊조리는 교회입니다.

64. 매주 감사헌금 하는 교회입니다.

65. 교회를 사랑하는 성도들이 있는 교회입니다.

66. 하나님을 가까이 하는 교회입니다.

67. 하나님과 함께 하는 형통한 교회입니다.

68. 하나님의 기적을 믿는 교회입니다.

69. 교회에 와서 행복한 사람들이 있는 교회입니다.

70. 교회 때문에 건강을 찾는 교회입니다.

71. 기도하면서 새로운 직업을 찾는 교회입니다.

72. 자녀 때문에 힘들다가 소망을 찾는 교회입니다.

73. 우울하고 답답했던 사람이 웃으면서 살아가는 교회입니다.

74. 말씀훈련이 잘되어 있는 교회입니다.

75. 기도훈련이 잘되게 되는 교회입니다.

76. 웃음이 있고 기쁨이 넘치는 교회입니다.

77. 서로 사랑하고 칭찬하는 교회입니다.

78. 하나님의 은혜를 깊이 체험한 성도들이 있는 교회입니다.

79. 매일 성도들을 위해 기도하는 목사님이 있는 교회입니다.

80. 밥 잘 사 주시는 목사님이 있는 교회입니다.

81. 성도들을 축복해 주시는 목사님이 있는 교회입니다.

82. 예배에 목숨 건 성도님이 있는 교회입니다.

83. 매주마다 감사하는 성도님들이 있는 교회입니다.

84. 일천 번제로 기적을 체험한 교회입니다.

85. 하나님의 말씀을 전적 믿고 가는 교회입니다.

86. 부르짖는 기도로 소원을 이루어가는 교회입니다.

87. 하나님의 따뜻함을 느끼는 교회입니다.

88. 하나님의 긍휼하심을 맛보는 교회입니다.

89. 하나님 때문에 살고자 하는 교회입니다.

90. 마음의 상처를 치료받는 교회입니다.

91. 자녀가 잘되는 교회입니다.

92. 자녀들이 교회에 오고 싶어 하는 교회입니다.

93. 구원받아 마음의 평안을 누리는 교회입니다.

94. 하나님의 자녀로 확실히 살아가는 교회입니다.

95. 매일 감사할 일을 찾는 교회입니다.

96. 비난하지 않고 칭찬하는 교회입니다.

97. 저주하지 않고 축복하는 교회입니다.

98. 잘 먹고 잘 노는 교회입니다.

99. 예배를 예배답게 드리는 교회입니다.

100. "아멘" 하여 하나님께 영광 돌리는 교회입니다.

7. 교회학교 교사 하기 싫은 이유가 있다

■ ■ ■　　　요즘 교회에서 교회학교 교사 하기 싫은 것은 교회
학교 예배가 주일 낮 예배드리는 시간에 교회학교 예배를 하기 때
문입니다. 교사들도 성도들이 많이 모이는 대예배에 참석하여 은혜
받고 싶고 담임목사님의 설교를 듣고 싶어 합니다. 함께 신앙생활
하고 있는 성도님들과도 교제를 나누고 싶은데 교회학교 교사하다
가 보면 교회 성도님과 교제 나누기가 어려울 때가 있습니다.

교회학교 교사를 하려면 어린이들에게 말씀을 가르쳐야 하고 어
린이들이 교회에 나오도록 수시로 연락을 해야 하고 어린이들에게
간식을 사 주어야 하기에 물질적으로도 많이 비용이 들어갑니다.
무엇보다 어린이들이 옛날처럼 고분고분하지도 않습니다. 어린이
들이 게임에만 빠져 있습니다. 게임에만 빠져 있는 어린이들을 어
떻게 신앙교육을 해야 할지 모릅니다. 어린이들이 교회에 오는 것
보다 집에서 게임을 하거나 늦잠을 자는 것을 좋아합니다.

교회학교 교사가 청년인 경우는 대학 등록금을 마련하기 위해
아르바이트를 해야 하기에 교회학교 교사가 힘들어지고 청년이라
이성과 데이트하는 시간도 있어야 합니다. 어린이랑 놀아 줄 시간
이 부족하고 애정도 부족합니다. 무엇보다도 청년 자신이 구원에

확신이 부족하여 어린이에게 무엇을 어떻게 가르쳐야 할지를 모릅니다.

신앙생활을 열심히 하는 사람들이 교회학교 교사를 하는데 교회에서 하는 일이 많이 있습니다. 교회학교 교사하면서 찬양대원을 한다든지, 교사하면서 여선교회 임원이나 활동을 한다든지, 교사하면서 지역장이나 속장을 맡아서 해야 하고, 교회 애찬을 담당해야 할 때도 있기에 심리적으로 부담을 많이 가지고 있습니다. 교회 봉사하면서 상처받는 일이 있어 교회학교 교사 하는 그것이 부담되고 지쳐 있습니다. 올해만 교회학교 교사하자면서 마지 못해 교회학교 교사하는 분들이 있습니다. 더군다나 어린이나 학생들을 소화하기 힘들고 그나마 애정을 쏟는 그 아이들은 정작 주일이 되면 학원가야 한다고 하고, 친척 집에 가야 한다고 하고, 결혼식장 가야 한다고 합니다. 누구 생신이라 거기에 가야 한다고 하면서 어린이들이 교회에 잘 나오지도 않습니다.

이런 상황임에도 불구하고 교회학교 교사를 감당하는 분들이 있습니다. 제가 어렸을 때 교회학교에서 가르친 권사님은, 모교회에서 지금도 교회학교 교사를 하고 계십니다. 이분처럼 어린이나 학생들에게 시간을 투자하고 물질을 투자하면서 교회학교 교사의 사명을 감당하려고 애를 쓰는 분들도 있습니다. 그러기에 힘들지만, 교회학교가 유지되고 있는 것입니다.

교회학교 어린이나 학생들이 많이 있지 않아도 본인이 섬기는 교회에 어린이나 학생들이 있다는 것을 감사해야 합니다. 좀 힘들고 어려워도 헌신적으로 희생하고, 열심히 교회학교 교사를 하는 사람들을 교회에서는 따뜻하게 격려하고 칭찬해야 합니다. 교회학교 교사가 있기에 교회학교가 유지되고, 믿음의 명문 가문을 이어갈 수 있습니다.

오랫동안 교사를 하고 담임 목회를 하는 동안 교회의 직분 자녀들이 교회학교에 남아서 예배드리고 있음을 보았습니다. 어린이나 학생 혼자 신앙생활 하는 아이는 몇 년이 지나면 교회학교에서 사라지는 것을 볼 때가 많습니다. 교회의 직분자 자녀들이 신앙생활을 잘하도록 사랑과 기도로 잘 돌볼 필요가 있습니다.

어느 교회 청년 이야기입니다.

"사실 저도 교회학교 교사하라고 권유를 많이 받았었어요. 이전 교회에서는 제가 권사와 안수집사의 자녀이고 부모님도 교사로 섬기고 계시기 때문에 저의 의견과 상관없이 교회학교 교사를 당연히 하여야 한다고 하시면서 저에게 계속 말씀하시는 부분이 있었습니다.

내 믿음이 바로 서지도 않은 것 같고 내 신앙이 흔들려 좀 더 하나님과의 관계에 집중하고 회복하고 싶은데, 주변의 그런 시선과 강요가 부담스럽게 다가옵니다. 그렇게 교사를 시작한 친구들은 또 나의 삶과 생활을 버리고 교회학교에만 집중하고 제자인 친구들에게 좀 더 많은 시간과 노력을 투자합니다. 그게 하나님이 기뻐하시는 일이라고 얘기를 듣게 되는 경우가 많이 있습니다.

그렇다 보니 그 안에서 교회학교 교사를 하면서도 교회학교라는 공동체 안에서 교제가 일어나고 회복이 일어나는 것이 아닙니다. 그 안에서 섬김과 헌신이라는 이름 아래 강요와 부담을 느끼게 되고 결국 지치게 되는 것이 현실인 것 같습니다. 같이 섬기고 있는 집사님, 권사님, 사역자분들을 통해서 오히려 상처받고 무너지는 경우가 많이 있었습니다. 청년들은 그 안에서 실망하고 상처받아 결국은 교회를 떠나게 되는 경우를 많이 보았습니다. 저 또한 그랬고 그 관계와 저의 신앙을 회복하기까지 오래 걸렸던 것 같습니다.

이런 부분에 대해서 목사님이 알아주시고 이렇게 교회학교에서 섬기면서 상처받은 형제자매 청년들을 어떻게 위로할 수 있는지 그리고 그 안에서 참다운 사랑의 공동체를 이루기 위해서는 어떻게 해야 하는지, 각자의 역할과 상황 속에서 지치고 상처받지 않고 섬길 수 있는, 중심을 잡기 위해서 어떻게 해야 하는지 알려주시면 좋을 것 같습니다.

저는 제 생활을 버리고 교회에 집중해야 한다는 말을 들은 적이 있었어요. 회사일, 공부 등은 중요하지 않고 무조건 교회 봉사와 신앙을 위해서 다 제쳐두고 나와야 한다는 말이, 세상 속에서 살아가는 저희 청년들이 할 수 있는 부분인가! 하는 생각이 들더라고요. 오히려 일, 공부 등을 버리고 교회에만 집중하는 사람들을 욕하는 사람들도 많이 보았고요. 그런 부분들이 아마 교회학교 교사나 교회 봉사를 꺼리게 되는 이유가 되지 않을까 싶습니다. 세상 속에서 선한 영향력을 드러내면서도 교회공동체 안에서 회복, 위로, 사랑이 이루어진다면, 균형이 잡힌다면 아마 청년들도 오히려 먼저 나서지 않을까 하는 생각이 들어요!!"

교회학교 교사가 강요와 부담으로 시작한다는 것이 문제입니다. 교회학교 교사는 하나님께서 나를 사랑하시고 나를 구원하여 주신 그 감동과 감격으로 어린이를 사랑하는 마음으로 교사 직분을 감당해야 하는데 강요와 부담이 먼저 왔다면 다시 하나님께서 나를 사랑하고 구원하고 은혜 주시고 감동과 감사가 넘치는지를 살펴볼 필요가 있습니다.

교회학교 교사는 많은 시간을 요구하고 헌신해야 하고, 말씀을 연구해야 하고, 어린이를 위해 날마다 기도해야 하고, 사랑하며 그리스도의 향기를 나타내야 할 필요가 있습니다. 교회학교 교사가 어린이들에게 뭔가를 가르치기보다는 교사 자신이 하나님 안에서 회복, 위로, 사랑이 채워져야 합니다. 내가 먼저 하나님의 사랑과 은혜와 회복과 위로가 있어야 다른 사람에게 사랑과 위로와 회복을 도울 수 있기 때문입니다.

한번 교회학교 교사는 평생 교회학교 교사입니다. 섬기는 교회에서 새로 되시는 장로님으로 피택되시는 분들은 교회학교 교사를 반드시 하라고 권하고 싶습니다. 장로님들이 교회학교 교사를 해봐야 목사님의 심정을 잘 알 수 있습니다. 한 어린이가 교회학교에 들어와 양육되어 신앙생활 잘하기가 절대 쉽지 않은 것을 알 수 있기 때문입니다.

어느 교회 권사님은 구역장을 하면서 자기에 속해 있는 구역원들이 예배를 얼마나 드리는지, 얼마나 신앙 양육이 되었는지, 집안에 무슨 일이 일어났는지 살펴보면서 담임목사님의 심정을 알게 되었다고 고백하는 것을 들었습니다.

> 또 아비들아 너희 자녀를 노엽게 하지 말고 오직 주의 교훈과 훈계로 양육하라 엡 6:4

8. 교회학교 해봤어! 출판하다

■ ■ ■   제가 『교회학교 해봤어』를 출판하였습니다. 저는 『전도 해봤어!』 저자입니다. 매일 전도하면서 많은 목회자와 성도들에게 좋은 영향을 주고 있고 극동방송 전도 세미나 주 강사이기도 합니다. 제가 『교회학교 해봤어』를 출판한 것은 30년 넘게 어린이 부흥사를 하였고 교회학교 교사 세미나 강사였기 때문입니다.

저는 스포츠 전도로 유명한 김성기 목사님과 은혜 캠프 주 강사인 박연훈 목사님이 자기가 경험한 전도 이야기를 책으로 출판한다는 것을 알리며 서로 이야기 나누다가 교회학교에 관한 책을 내게 되었습니다. 시대적으로 코로나19로 인해 교회학교가 모일 수 없는 상황이지만 교회학교가 살아야 교회가 살기 때문입니다. 교회의 미래가 교회 안에 다 있기 때문입니다.

"교회학교 해봤어!"는 이렇게 구성이 되어 있습니다.
1. 교회학교가 위기다.
2. 교회학교가 부흥했던 적도 있다.
3. 교회학교가 아닌 교육 목회로 전환하라.
4. 교육 목회 관점에서 교회학교를 하라.

선한 목자 교회 유기성 목사님은 "교회학교가 아닌 교육 목회로 전환할 것을 제안하고 있습니다. 담임목사님을 비롯해 전 교인이 함께 교회학교에 관심을 두고 지원해야 한다는 것입니다. 어린이들이 예수님을 인격적으로 만나서 평생 주님과 동행하는 아이들로 설 수 있도록 교회 전체가 제한 없는 지원을 할 것을 일관되게 주장합니다."라고 추천하셨습니다.

만나 교회 김병삼 목사님은 "만일 오늘 책을 읽었다면 당장 내일부터 새롭게 결심하여 실천할 수 있는 생각과 태도, 실질적인 방침들을 엮어주셨기에 가능하다고 생각합니다. 그렇기에 교회학교의 미래를 걱정하는 목회자, 교사 그리고 많은 성도가 함께 이 책을 읽으며 질문을 따라가다 보면 실마리를 잡을 수 있을 것입니다. 지금, 우리 교회의 다음 세대를 위해 우리가 해야 할 일이 무엇인지, 새로 시작하는 마음으로 하나씩 짚어본다면 교회학교에 대한 걱정이 어느새 소망으로 바뀔 것입니다."라고 추천하였습니다.

춘천 석사교회 손학균 목사님은 "이 책은 모든 어린이 사역자, 교회학교 부흥을 꿈꾸는 분들의 서재에 반드시 있어야 할 책이며, 일독이 아니라, 정독과 다독의 유익을 맛보기에 충분한 책임을 확신합니다. 교회학교 부흥을 꿈꾸는 모든 교회, 모든 목회자, 모든 사역자에게 이 책은 '부흥의 꿈'을 향해 나아가는 '출구!'를 찾는 일에 큰 도움이 될 것을 믿어 의심치 아니합니다." 하시며 이 책을 추천하였습니다.

어느 전도사님은 『교회학교 해봤어!』 이 책의 원고를 읽어내려가면서, 평생 한국교회의 교회학교를 사랑하면서 다음 세대 선교를 위해 고민하신 이충섭 목사님의 영혼 구원에 대한 흔적들이 나타남을 느꼈다고 합니다.

코로나19 시대에 영혼 사랑, 영혼 구원이 계속될 수만 있다면 이 책을 읽으면서 교회학교가 살아날 수 있다는 희망을 보게 될 것입니다. 이 책은 교회학교 70가지 질문에 답하는 형식으로 기록하였습니다. 독자들이 궁금한 부분을 찾아 읽어 볼 수 있습니다. 이 책은 이론적인 책이 아닙니다. 이 책은 저자가 직접 경험했던 이야기를 진솔하게 기록하였습니다. 실천이 능력입니다. 머리로 읽지 말고 몸과 발로 읽어서 오늘 당장 실천하면 교회학교가 분명히 달라질 것입니다.

9. 궁정교회에 다녀왔습니다

■ ■ ■　　　궁정교회에서는 지난 3년 동안 비전교회 6개를 섬겨 주셨습니다. 궁정교회 비전교회 선교는 지역별로 한 교회를 담당하고 기도하고 후원하였습니다. 1년에 5주 있는 달에 비전교회에 각 지역 성도들이 오셔서 함께 예배드리고 선교비를 주셨습니다. 비전교회 목사님들을 궁정교회 주일 오후 예배나 수요예배에 설교로 초청하여 주셨습니다. 궁정교회에서 코로나로 인해 비전교회 특별헌금을 해주셨습니다. 궁정교회 담임목사님께서 잘 지내고 계시냐는 전화를 자주 하셔서 격려해 주셨습니다.

　궁정교회에서 비전교회에 감사한 것은 궁정교회 성도들이 비전교회를 섬기면서 믿음이 자라나고 궁정교회에서 나누는 것을 통해서 서로 배웠음 입니다. 궁정교회 선교 현장에 물질을 보내는 것이 사랑 표현이고 비전교회를 생각해 주시는 것입니다. 궁정교회 장로님과 온 성도들이 비전교회를 생각하여 기도와 물질로 함께 섬기는 데 동참하여 주셨습니다. 궁정교회와 비전교회가 앞으로 해야 할 일은 궁정교회와 비전교회에 공감대를 형성하여 계속해서 기도하고 지역장님과 연결하여 교회 소식을 알리고 공유하는 것입니다.

궁정교회는 제 모교회입니다. 거의 30여 년 동안 궁정교회 도움을 받았기에 이번에는 승리교회가 자립하기를 시작하면서 소원을 두고 기도하였습니다. 그러나 여러 가지 부족함이 많아 자립해 가지 못했지만 강 목사님께서 "목사님은 자립하고 있습니다. 그 과정에 있습니다."라고 격려해 주셔서 용기를 내어 더욱더 행복한 목회를 합니다.

승리교회는 제가 내년이면 매일 전도한 지 만 10년이 되는 해입니다. 그동안 전도 열매를 위해서 뿌리는 과정이었다면 이제는 전도 열매를 거두기를 기대합니다. 내년에는 승리교회 1층 카페를 커피와 빵을 만드는 카페로 운영하기 위해 준비하고 있습니다. 믿음의 새 가정이 있도록 함께 기도해 주시기 부탁합니다. 교회의 핵심 일꾼이 필요하고 교회를 세워가야 할 사람들이 필요합니다.

10. 승리교회의 주일입니다

■ ■ ■　　　　몸이 아픈 가운데 새벽예배 나온 집사님이 계셔서 감사하였습니다. 주일 새벽에는 하나님의 말씀을 정리하는데 최고의 시간입니다. 더 성령 충만하고 더 기름 부음이 있는 시간이 되기에 충분합니다. 오늘 교회학교 예배는 하지 않고 주일 낮 예배에 오도록 하였습니다.

오늘 주일 낮 예배 기도 담당한 집사님께서 자녀 청년들과 함께 오느라 지각하여 제가 기도하였습니다. 갑자기 하는 기도이지만 기도하는 요소를 하나하나 생각하며 기도합니다. 오늘 주일 낮 설교는 "에덴동산의 4대강 축복을 흐르게 하자"는 것입니다. 에덴동산에는 네 강이 흐르고 있었습니다. 비손강, 기혼강, 힛데겔강, 유부라데강입니다. 비손이라고 하는 뜻은 "쏟아져 나온다"라는 뜻으로 환난과 핍박을 통과하면 순금같이 쓰임 받는다는 것입니다. 기혼이라고 하는 뜻은 "터져 나옴"이라는 뜻으로 희락 기쁨이 터져 나온다는 것입니다. 힛데겔이라는 뜻은 "빠름"이라는 뜻으로 속히 응답하신다는 것입니다. 유부라데라고 하는 말은 "풍성하다"라는 뜻으로 쓰이고 베풀고 남게 하신다는 것입니다.

오늘부터 가정이 풀어집니다.
오늘부터 직장이 풀어집니다.
오늘부터 사업이 풀어집니다.
오늘부터 교회가 풀어집니다.

오늘 예배에 특별찬송과 봉헌 찬송하는 문화선교사 나유미 목사
님께서 어머니와 함께 승리교회에 오셨습니다.

낮엔 해 처럼 밤엔 달 처럼

1절
낮엔 해처럼 밤엔 달처럼
그렇게 살 순 없을까?
욕심도 없이 어둔 세상 비추어
온전히 남을 위해 살듯이
나의 일생에 꿈이 있다면
이 땅에 빛과 소금 되어
가난한 영혼 지친 영혼을
주님께 인도하고픈데
나의 욕심이 나의 못난 자아가
언제나 커다란 짐 되어
나를 짓눌러 맘을 곤고케하니
예수여 나를 도와주소서

2절

예수님처럼 바-울처럼

남을 위하여 당신들의 온몸을

온전히 버리셨던 것처럼

주의 사랑은 베푸는 사랑

값없이 그저 주는 사랑

그러나 나는 주는 것보다

받는 것 더욱 좋아하니

나의 입술은 주님 닮은듯 하나

내 맘은 아직도 추하여

받을 사랑만 계수하고 있으니

예수여 나를 도와주소서

예배 후에 나유미 목사님과 나 목사님 어머니 권사님과 아내랑 같이 점심을 먹었습니다. 우리 동네 최고의 음식점은 짬뽕집에서 짬뽕과 간짜장으로 점심을 먹었습니다. 짬뽕이 너무 맛있다고 하였습니다. 하나님께서 승리교회를 사랑해 주시고 복을 내려주실 것입니다. "복에 복을 더하고 번성에 번성을 더하고 형통하고 형통하리로다" 하신 말씀을 온전히 이루어가게 하소서. 아멘

11. 감신대 평생교육원 강의한다

『교회학교 해봤어!』 책을 출판하였습니다. 『교회학교 해봤어!』 책 출판한 것을 감리교신학대학교 평생교육원장님이신 박은영 교수님께서 알게 되셨습니다. 박은영 교수님께서 저자 특강으로 『교회학교 해봤어!』 책을 가지고 평생교육원 강의를 하면 좋겠다는 것입니다. 더군다나 코로나 시대에 교회학교를 어떻게 해야 하는지 교사들에게 알려 주면 좋겠다는 것입니다.

전체 12주 강의를 준비하였습니다. 강의하려면 학생들이 있어야 합니다. 제가 강의를 하기 위해 홍보를 하였고 38명 학생을 확보하였습니다. 개인 강의에 수강생 38명이 최고로 많이 모인 수강생이라고 하셨습니다. 매주 월요일 저녁에 온라인 강의였지만 좋았습니다. 강의하고 난 후 대화를 나누었던 것이 더 좋았습니다. 이 강의를 들으면서 교회의 교육목표, 교회마다 교회학교 계획이 세워져야 하고 사역자 때문에 교회학교가 달라지면 안 된다는 것을 깨달았다고 고백하셨습니다.

교회학교를 살려보겠다고 하는 평신도 교사들이 참으로 위대합니다. 교회에는 이런 교사들 때문에 교회가 살아나는 것입니다. 교회학교 부흥하면 교회 부흥이 일어납니다.

도전해봤어!

12. 이충섭 목사의 사명 선언문

이충섭 목사는 하나님의 걸작품으로 예수님 때문에 구원받고 목사가 되어 잃어버린 영혼을 구원하기 위해 매일 전도하는 사람입니다.

이충섭 목사는 예수 그리스도의 십자가와 부활을 믿으며 예수님 때문에 소망이 넘치고 절망하고 낙심하고 있는 사람에게 하나님의 말씀을 담대하게 전하는 선포자입니다.

이충섭 목사는 성령님의 능력을 힘입고 성령으로 기도하는 사람으로 삶에 지쳐 있는 사람에게 용기를 주며 예수님의 이름으로 뜨겁게 기도하는 사람입니다.

이충섭 목사는 성령 충만과 기름 부음이 충만하게 채워져서 사람의 힘으로는 도저히 안 되는데 하나님의 능력으로 되는 것을 보여 주는 축복자입니다.

13. 이충섭 목사의 꿈

■ ■ ■　　　　　승리교회를 세워가는 믿음의 삼십 가정이 이루어
지는 것이 꿈입니다. 승리교회에 예수님의 제자들로 예수님이 주인
되는 성도들이 있는 것이 꿈입니다. 승리교회에 하나님의 나라와
의를 구하며 하나님을 기쁘게 하는 자들로 하나님께 인정받는 것이
꿈입니다. 커피와 빵을 파는 카페를 하여 하나님을 찾는 사람들이
하나님께 예배하는 것이 꿈입니다. 승리교회에서 하나님의 사람들
과 동역하는 것이 꿈입니다. 혼자가 아닌 함께 하는 사역이 되고 싶
습니다.

영어로 설교하는 것이 꿈입니다. 태국에다 교회 하나 세우는 것
이 꿈입니다. 감신대에서 수업으로 교사 세미나 강의하는 것이 꿈
입니다. 후배들을 위해 목회 안내 책을 출판하는 것이 꿈입니다.
예수 그리스도만을 자랑하는 것이 꿈입니다.

14. 한 사람이라도 양육하라

■ ■ ■　　　　교역자 회의가 있는 날입니다. 교역자 회의한 교회는 창립 1주년 기념으로 하였습니다. 박 감리사님을 통해 주신 말씀은 "성령 충만한 교회, 은혜 충만한 교회, 변화 결과가 있는 교회, 이 일을 위해 기도하는 교회, 찬양하는 교회가 되자"는 것입니다.

점심 후 커피숍에서 어느 목사님과 대화를 나누었습니다. 지난 주일 저녁 예배 때 새 신자 양육을 위한 양육자를 배출하는 것을 보고 궁금했는데 역시 양육을 잘하는 교회가 부흥하는 것입니다. 부교역자들에게도 새벽예배 때 자기 맡은 구역에 기도 제목을 가지고 기도하라는 것과 매일 아침 큐티 말씀으로 원어 본문을 살펴보라 하십니다. 그리고 긴 시간 동안 그동안 양육하였던 이야기를 하는 것입니다. 교회에 와서 양육 교재를 살펴보니 1. 행복 창조 2. 예수 그리스도 3. 성령 4. 하나님 5. 교회 6. 예배 7. 말씀 8. 기도 9. 봉사 이런 짜임새로 구성되어 있습니다.

그동안 예배 출석하는 사람들을 채워 달라고 기도하였는데 이젠 양육할 사람들을 보내 달라고 기도해야 하겠습니다. 한 사람이라도 양육하며 교회가 든든히 세워가는 교회가 되고 싶습니다.

15. 코로나 걸렸어요

■ ■ ■　　　요양보호사 공부하려 하는데 몸이 안 좋았습니다. 자가 진단기로 테스트해 보았더니 양성으로 나왔습니다. 나중에 의원에 가서 진찰을 받았더니 코로나 양성으로 자가 격리하게 되었습니다. 자가 격리는 교회 1층 카페에서 했습니다. 3층 사택에는 아내랑 아들이 있기 때문입니다. 갑자기 자가 격리를 하게 되니 빵집에 갈 수도 없고 사람을 만나러 갈 수도 없어 교회 1층 카페에만 있게 되었습니다. 약국에서 약을 지어 와 먹고 있습니다. 약간 열이 있을 뿐 그리 힘들지 않았습니다. 교회 집사님께서 과일과 음식을 가져다주셔서 주신 것을 잘 먹었습니다.

목사가 코로나에 걸려 주일 예배드리기가 어려워져 간단한 예배 형식으로 영상을 찍어 주일 예배를 대신하였습니다. 코로나가 본인도 힘들지만, 주위에 있는 사람들도 힘들어지게 합니다. 본인 스스로 자기 건강을 챙겨야 합니다.

어머니가 며칠이 지난 후에 나로 인해 코로나가 걸리신 것 같습니다. 어머니도 일주일간 자가 격리를 하셨습니다. 코로나 걸리지 않도록 건강을 챙겨야 합니다.

도전해봤겨!

16. 오늘은 경민IT고등학교 학급예배 설교가 있는 날

■ ■ ■ 　 아침에 빵집에 갔다가 교회로 와 경민IT고등학교에 가기 위해 자연 마트에 들렀습니다. 30개가 들어 있는 초코파이랑 그동안 제가 만들었던 빵들을 가지고 학교에 갔습니다. 역시 학교에 1등으로 왔습니다. 교목실에 들어가서 교목 김 목사님을 뵈었고 김 목사님께 가장 좋은 비쉐케 식빵을 드렸습니다.

설교하시는 목사님들이 오셨다고 식당으로 갔는데 식당 장소가 바뀌었습니다. 경민대학 건물 아래에 시설이 좋았습니다. 목사님들과 대화를 나누면서 그동안 있었던 이야기를 식사하면서 나누었습니다. 식사 후에 교목실에 모여 제가 만든 빵을 나누어 드렸는데 빵 맛을 보시더니 빵이 맛있다고 하셨습니다. 빵 주문도 가능하냐 하시길래 가능하다고 말씀드렸습니다.

제가 예배 설교하기로 배정받은 곳은 3학년 4반입니다. 역시 예상한 대로 누워 있는 학생들이 대부분이고 다들 핸드폰을 만지고 있었습니다. 나는 늘 그렇게 해 왔던 대로 칠판에다 요한복음 3장 16절을 기록했습니다.

하나님이 세상을 이처럼 사랑하사 독생자를 주셨으니이는 그를 믿는 자마

제 핸드폰 번호랑 승리교회 이름을 써 놓았습니다. 방송으로 찬송하고 기도하고는 우리 반 분위기를 바꾸기 위해 반장에게 차례 경례하자 하였습니다. 1학년이었으면 깨어서 차례 경례하자고 하겠지만 3학년이고 미안하기도 해서 누워 있어도 차례 경례를 받았습니다.

나는 이충섭 목사이고 승리교회를 섬기고 있고 경민IT고등학교 학급예배 설교 17년째 하고 있고 나이는 60세라고 하였더니 학생들이 놀랐습니다. 그렇게 안 보인다는 반응이지요. 책 5권을 썼고 커피 바리스타 자격증이 있고 현재 열심히 빵을 배우고 있다고 하였습니다.

넌센스 문제를 냈습니다.
떡 중에 가장 빨리 먹는 떡은? 4글자 헐레벌떡
똥은 똥인데 다른 곳으로 튀는 똥은? 불똥

잘 맞추었습니다.

건강하고 행복한 삶을 살기 위해서는 꿈, 끼, 꼴, 꾀, 깡이 있어야 한다고 하면서 사람은 꿈이 있어야 하는데 꿈은 내가 무엇을 하여야 할 것인지 방향을 잘 잡아야 한다고 속도보다 방향이 중요하다고 말하였습니다.

도전해봐거!

끼는 타고난 능력이며,

꼴은 이미지로서 시대의 흐름을 잘 알아야 하며,

꾀는 지혜이며, 무엇을 어떻게 진행할 것인가를 아는 것이며,

깡은 추진력이니 강하고 담대하여지자고 하였습니다.

1/3만 듣고 나머지는 딴청을 합니다. 누워 있는 친구들도 많이 있었습니다. 그냥 넘어갔습니다.

우리가 미국에 가려면 반드시 비행기를 타야 하는 것처럼 우리가 천국에 갈려면 예수님을 반드시 믿어야 한다고 말했습니다. 예수님을 믿는 사람은 "미안합니다. 고맙습니다. 사랑합니다."라는 말을 잘해야 한다고 하였습니다.

예배가 끝난 후에 몇 명 학생과 이야기하는데 너무나도 재미있다고 "괜찮다", "공감한다" 등 비교적 이야기를 잘해 주었습니다.

가지고 간 초코파이를 하나씩 나누어 주었습니다. 잘 생겼다고 큰일을 하겠다고 말해주기도 하였습니다. 이 정도 분위기이면 학급예배 설교할 만합니다. 이 학생들에게 진짜 복음을 어떻게 전해 줄 것인가를 고민합니다. 학생들이 나를 찾아 복음을 듣고 싶다고 말해주는 일이 일어났으면 좋겠습니다. 오늘 학급예배 설교할 수 있다는 것이 행복이었습니다.

17. 오늘 학교 학급예배 재미있습니다

■ ■ ■   경민IT고등학교 학급예배 설교하러 가는 날입니다. 지난주에는 일찍 준비하여 걸어서 학교까지 갔는데 오늘 우물쭈물하다가 시간을 훌쩍 지나 자동차를 가지고 갔습니다. 간식을 학교 매점에서 샀습니다.

학교에서 점심을 먹고 난 후에 목사님과 잠깐 이야기를 나누고 학급예배 설교하러 갔습니다. 오늘은 3학년 3반이었습니다. 3학년이기도 하고 대학원서 쓰는 것과 실기 준비와 취업 준비하느라 학생 절반 정도가 눈에 보이지 않았습니다. 오늘 3학년 3반 학생들은 처음으로 끝까지 다 말씀을 잘 들었습니다. 분위기도 좋았습니다.

오늘도 꿈, 끼, 꼴, 꾀, 깡 이야기를 하였습니다. 넌센스도 하였고 역시 반응이 좋았습니다. 가위바위보 게임도 하였습니다. 미국에 가려면 비행기를 타고 가야 하는 것처럼 천국에 갈려면 예수님을 반드시 믿어야 한다고 이야기했습니다.

오늘 3학년 3반은 다음에 또 오라고 합니다. 좋았다고 하였습니다. 맨 앞에 있는 여학생이 자기 발표 준비한다고 하길래 나름대로

도전해봤어!

서론 본론 결론 무슨 이야기를 해야 할지를 분명히 해야 한다고 하였습니다. 그 학생이 나보고 학생을 다스리는 스킬을 가지고 있다고 말해 주었습니다. 그래도 내가 17년 동안 이 학교에 와서 설교하였는데…

나로서는 "예배가 재미있다. 예배가 좋았다. 다음에 또 와 달라" 말해주니 감사하고 고맙지요. 다음을 위해 설교 준비 한편을 해 놓아야 합니다. 청소년들을 학교에서 만날 수 있어 행복합니다.

18. 교회학교를 살리려면 어떻게 해야 하나요?

■ ■ ■ 　　　십대지기 이사회가 승리교회에서 있었습니다. 지난번에 십대지기 선교 선타 의정부운영위원장 자격으로 십대지기 이사가 되었습니다. 십대지기 이사가 되었는데 정 목사님께서 3대 십대지기 이사장님이 되셨습니다. 이사회를 십대지기에서 한다는 것을 승리교회에서 하자고 하였습니다. 이사님들이 승리교회를 방문하시어 식사대접도 하려고 하였습니다.

십대지기 이사장님 취임식을 따로 하지 않고 오늘 이사회 모임으로 취임식을 대신하신다고 합니다. 사업하는 분들과 다른 약속이 있는 분들을 제외하고 거의 이사회에 참석하셨습니다. 이사회에서 필요한 일처리를 하였고 선교센터에서 주관하는 행사들을 집중해서 보고 하였습니다.

지역 거점 선교 사역으로 청소년들에게 캠프 사역, 문화 사역을 하는 통합 사역, 모임 사역, 교육 사역하는 학교 사역, 세미나, 신학생 사역하는 교회 사역, 권역별 복음화 사역 연천 사역이 있습니다. 특별히 며칠 뒤에 있을 2022 리마인드 위십을 집중해서 보고 하였습니다. 십대지기 사역은 교회에 꼭 필요한 일을 앞장서서 사역을 감당하는데 교회들이 잘 협력해 주지 않는 부분이 있습니다. 장로님들 이사님은 각 교회 담임목사님의 목회 철학에 따라, 혹 교육 목사님이나 교육전도사님들이 다른 교회들과 연합하는 일을 싫어하는 사람들도 있기에 어렵다고 하십니다. 좀 더 청소년 중심으로 사역이 일어났으면 좋겠다고 하셨고 어떤 이사님은 청소년 전문 교회들이 많이 생겨나 그곳으로 청소년들을 보내고 싶다고 하셨습니다.

저는 요즘 교회들이 약해서 청소년 사역하기가 힘들어졌기에 교회들이 살아나도록 해야 하고 청소년 사역을 감당할 때도 전문가들의 귀한 자료들을 실제로 공유할 수 있어야 한다고 이야기했습니다. 17년 동안 경민IT고등학교 학급예배 설교하고 있는 나로서 이 시대의 청소년들에게 어떤 메시지를 전해 줄 것인가를 고민하고 그 학생들에게 꼭 필요한 메시지를 전해 줄 수 있어야 하기 때문입니다.

오늘 이사회 회의는 비교적 일찍 끝났습니다. 오늘 점심은 짬뽕이었습니다. 일반 짬뽕과 백짬뽕으로 하였고 탕수육은 주문하고 만두는 서비스로 주셨습니다. 이 가게 짬뽕은 낙지 한 마리씩 들어 있고 맛이 좋습니다. 한 분 이사님께서 식사 안 하고 가셔서 빨리 옆 가게 브로우미로 짬뽕을 배달하였습니다.

그곳에서 몇 개의 음료수가 왔습니다. 저는 이사님들에게 제가 쓴 책 『교회학교 해봤어!』를 선물하였고, 커피도 미리 내려놓았고, 회의 전에 음료수와 초콜릿을 준비해 놓았습니다. 점심 후 뒷정리를 백 간사님께서 해 주셨습니다. 기름기가 있는 음식이라 제가 정리하기가 힘들었는데 백 간사님께서 깔끔하게 뒷정리를 잘해 주어서 감사하였습니다.

오늘 새벽에 청소년들에게 그리스도의 계절이 오게 해 달라고 기도하였습니다. 우리 교회만 해도 올해부터 교회학교 예배가 없어졌습니다. 작년까지만 하여도 교회학교 예배를 드렸는데 고3이 졸업하니 예배드릴 사람이 없습니다. 어린이 한 명이 있는데 꾸준히 나오는 것도 아니기에 예배드리기가 어렵습니다.

교회학교를 살리겠다고 노력하는 목사님들이 많이 있습니다. 전도하고 양육하고 훈련하는 목사님들이 있습니다. 매일 같이 전도하는 목사님들이 전국에 많이 있습니다. 교회를 살리고 교회학교를 살리려면 사람이 있어야 합니다. 예배드릴 사람들이 있어야 하고 양육 받을 수 있는 사람들이 있어야 합니다. 참으로 어려운 시대에 살고 있습니다. 말씀의 불이, 성령의 불이 일어나야 합니다. 교회가 살고 교회학교가 살아나도록 성령님의 능력이 함께 하기를 기도합니다.

오늘 승리교회에 십대지기 이사님들이 방문하여 주시고 회의하시고 점심을 나눌 수 있어 감사하고 고맙습니다.

19. 승리교회 창립 30주년을 맞이하다

■ ■ ■ 　　　　승리교회 창립 30주년을 맞이하였습니다. 새벽에는 예루살렘 성벽을 중수하였다고 하였습니다. 중수하였던 사람들은 가난한 사람들이 아니었습니다. 중산층에 사는 사람들이 성벽을 중수한 것입니다. 승리교회에도 중수하는 사람들이 모이기를 기도합니다.

승리교회 창립 30주년 기념 예배를 주일 낮 예배 시간에 했습니다. 가장 깜짝 놀란 것은 궁정교회 김학재 장로님께서 오신 것입니다. 본교회 1부 예배를 드리고 승리교회 창립 30주년 예배를 드리러 오셨습니다. 전 집사님께서 송추에서 미용실을 하시는데 지인들을 모시고 오셨고 제가 전도하는 가운데 몇 분들이 오셨고 재개발 대표님도 오셨고 전에 교회에 다녔던 주석이와 태석이가 엄마랑 같이 왔고 빵집 유 집사님이 오셨고 동생 부부가 왔습니다.

예배당에 사람들로 가득찬 느낌이었습니다. 대표 기도는 우리교회 23년 다닌 김은영 집사님께서 하셨습니다. 역시 기도 잘하십니다. 나중에 김 집사님은 얼마나 떨렸는지 모른다고 하셨지만 기도를 정말 잘하십니다.

오늘 설교는 교회에 처음 오신 분들을 생각해 짧게 하였습니다.

한 사람도 버리지 않는 교회, 붙여 주시는 교회, 도와 주시는 교회, 기쁘게 살아가는 교회가 되어야 한다고 말씀을 선포하였습니다. 정말 설교를 짧게 했습니다. 그랬더니 예배 시간이 빨리 끝났습니다.

점심을 맛있게 먹었습니다. 사람들이 많다 보니 보조 테이블도 가지고 왔습니다. 창립 30주년 기념품인 손톱깎기 셋트는 서울 생명나무교회 이구영 목사님께서 해주셨고 인절미 떡은 권양순 집사님께서 해주셨고 사과는 전경희 집사님께서 해주셨습니다.

창립 30주년을 맞이하는 승리교회는 감리교 신학생 기숙사 식사 대접을 하였고 의정부 발달장애인 학습장에 탁구대 2대를 후원하였습니다.

오후에는 찬양집회를 하였습니다. 찬양사역자 전은주 사모님을 모시고 하였습니다. "은혜로다 주의 은혜, 내 잔이 넘치나이다, 광야를 지나며, 오늘도 숨 쉴 수 있어, 요게벳의 노래, 성령이 오셨네" 제목의 은혜 찬양을 하면서 간증을 하셨습니다. 쓸개를 제거하러 갔다가 신장암이라고 진단받고 치료하는 과정을 이야기하는데 찬양 가사 하나하나가 의미가 있어 보였습니다.

오늘도 숨 쉴 수 있어

오늘도 숨 쉴 수 있어 감사해요
내 옆에 누군가 있어 감사해요

도전해보거!

살아갈 이유가 있고 또 살아갈
소망이 있게 채우실 것 감사해요

인생의 사계절 거뜬히 지나가게 하시고
깊은 강 건널 수 있어 감사해요

오늘도 숨 쉴 수 있어 감사해요
내 옆에 누군가 있어 감사해요
나 오늘도 꿈꿀 수 있어 감사해요
생명의 문 열어 주심 감사해요

오후에는 나와 관계된 목사님들과 권사님과 집사님들이 오셨습니다. 찬양하는 전은주 사모님이 하나님을 향한 간절함과 뜨거움이 있었습니다. 진실된 찬양, 너무 좋았습니다.

승리교회에도 찬양의 능력이 흐르기를 바랠 뿐입니다. 승리교회 창립 30주년을 맞이하여 승리교회가 부흥했다는 소식을 전하고 싶습니다. 오늘 30주년을 맞이하여 헌금하신 것으로 시각장애인 수술비용이 채워져서 감사합니다. 승리교회 이름으로 시각장애인 눈 수술비용으로 사용할 수 있어 감사합니다.

하늘의 하나님!
승리교회 부흥을 허락하여 주옵소서!
승리하게 하시고 형통하게 하시고 평안하게 하옵소서!!

20. 담임목사이신 이충섭 목사는 누구인가요?

이충섭 목사님은 끈기가 대단하신 거 같습니다. 옛날에 계속 건빵 나눠주는 것부터 매일 카톡으로 오늘의 예배도 보내시고 안 좋은 다리로 해외에 전도하러 가시고 자신이 아닌 남을 위해 살아가시는 좋은 분입니다.

황명진 청년

이충섭 목사님은 영혼 구령의 열정으로 충만한 진정한 예수 그리스도의 사도입니다. 눈물과 사랑으로 목회와 전도자의 길에서 영혼 사랑을 포기하지 않고 아버지의 마음을 듣고 선한 싸움을 싸워오신 믿음의 용사이십니다. 늘 목사님을 응원합니다. 선한 싸움의 승리! 화이팅!『도전 해봤어!』출간을 축하드려요.

김문희 선교사

안녕하세요? 한결 같으시며 한 곳으로 향해 있음에 그의 손에 늘 은혜로 가득하신 진심의 목사님이라고 생각됩니다.

임향진 집사

저희 성도님들을 위해 기도해 주시는 담임목사님이십니다. 그리고 저희를 예수님께 인도해 주시는 인도자이십니다.

현유환 집사

이충섭 목사님은
- 한 영혼을 소중히 여기시고 사랑합니다.
- 전도를 매일 하십니다.
- 기도를 잘해 주시고 응답이 빠릅니다.
- 베풀고 나누는 것을 좋아하십니다.
- 항상 열정적으로 말씀을 전하십니다.
- 맛있는 커피와 빵을 만들어 주십니다.
- 어린아이같이 순수하십니다.

김은영 집사

이충섭 목사님은 화려한 언변술과 쇼맨십이 없습니다. 그러나 순수함이 있습니다. 이충섭 목사님은 단정하거나 멋스러운 모습이 없습니다. 그러나 인간다움의 편안과 친숙함이 있습니다. 이충섭 목사님은 쉬우면서도 어려운 사람입니다. 처음은 쉬우나 과정은 어렵고 처음은 어려우나 과정은 쉬운 분입니다. 부디 때 묻지 않고 썩지 않고 고여있는 신앙을 포장하는 목회자가 아니기를 바랍니다.

이영삼 성도

승리교회 이충섭 목사님은 겉과 속이 똑같은 분이십니다. 대한

민국에 우리 목사님 같은 분이 많다면 이 사회는 평안하고 범죄가 없을 겁니다. 제가 초신자일 때 기도훈련을 시켜 주셔서 지금은 스스로 기도문을 쓸 수 있습니다. 정말 고마운 목사님이십니다. 한마디로 현대판 예수님 같은 분입니다. 이웃을 사랑하고 봉사와 헌신을 다해 교회 식구들을 섬깁니다. 새벽예배 때 하나님 말씀을 전해 주시는 목사님을 참으로 존경합니다. 말씀에 힘을 얻고 하루를 힘차게 시작하는 저에겐 하루가 아주 행복해집니다. 제가 몸담은 승리교회가 하루속히 부흥되길 소망합니다.

전경희 집사

4장

빵 만들기 도전 해봤어!

1. 빵 만들기 시작했어요

> > >　　　아침 9시 20분부터 저녁 6시 20분까지 빵 만들기를 시작하였습니다. 12 Baskets이라는 빵집입니다. 커피숍과 함께 하는 빵집입니다. 빵 만드는 일이 오래 걸리고 손길이 많이 간다는 사실을 알게 되었습니다.

　　빵을 만들기 위해 제일 먼저 재료 배합이 정확해야 합니다. 버터 식빵 2kg과 단과자 3kg으로 단팥빵 30개, 소보로빵 30개, 크림빵 30개, 땅콩빵 30개를 만드는 작업을 하였습니다. 버터 식빵에는 강력분, 마가린, 설탕, 개량제, 이스트 골드, 분유, 달걀, 물이 들어가고 단과자는 강력분, 마가린, 설탕, 소금, 개량제, 이스트 골드, 분유, 달걀, 물이 들어갑니다. 중량을 정확하게 하려고 저울을 사용합니다.

　　버터 칼 반죽기를 통해 반죽합니다. 1단계로 3분하고 2단계로 약 13분 합니다. 부드러운 반죽이 된 것을 동글하게 돌려주어야 합니다. 한마디로 굴리기를 잘해야 하는데 잘못하면 눌러 버립니다. 손이 바닥에 닿게 하여 돌려주어야 하는데 보기에는 쉬어 보여도 막상 하면 잘 안 됩니다. 누르는 것이 아니라 잘 굴려야 한다는 것입니다. 연습을 반복할 필요가 있습니다.

도전해봐요!

빵의 종류에 따라 팥을 넣고, 땅콩을 넣고, 크림을 넣는 예도 있습니다. 오늘 빵 만드는 일에 12 Baskets 사무국장님이 모든 과정을 지도하셨습니다. 오전 10시에 시작하였는데 오후 2시가 되어도 빵을 완성하지 못했습니다. 점심도 늦게 중국집 배달로 시켜 먹었습니다. 오후에도 계속해서 빵을 만들었습니다.

커피 주문을 받았습니다. 오후에 열심히 빵을 만들고 있는데 운트바이오 회장님께서 귀한 손님들을 모시고 모임을 하셨는데 냉커피 7잔을 주문하셨습니다. 제가 지난 금요일에 커피 바리스타 2급 자격증을 소유했지만, 갑자기 아이스 아메리카노 7잔을 만들어 내야 했습니다. 머신에서 에스프레소 4잔을 추출하고 컵 7개에다 얼음을 놓고 정수기 물을 넣어 아이스 아메리카노 7잔을 만들었습니다. 커피를 진하게 드실 것 같지 않아서 7잔을 만들었습니다.

운트바이오 회장님께서 손님들에게 저를 소개해 주셨습니다. 요즘 제 소개는 『전도 해봤어!』『교회학교 해봤어!』 저자 승리교회 이충섭 목사라고 합니다. 손님 중에 교회 장로님도 계셨습니다. 목사가 서빙을 하니 커피 맛있으시냐고 하였더니 다들 맛있다고 하셨습니다. 이분들이 진짜 맛있어서 맛있다고 하는 것인지 아니면 목사가 커피를 타 주어서 맛있다고 하는지 모르지만 내 생애에 첫 커피 주문을 받아 시중들었다는 사실에 행복했습니다.

그 후에 쿠키도 만들고 빵 포장을 하였습니다. 빵 포장도 빵 크기가 맞아야 봉지에 잘 들어가는데 빵이 크면 봉지 안으로 집어넣기가 쉽지 않았습니다.

　빵 만들기 첫날을 보내면서 앞으로 빵이 비싸다고 말하지 말아야 하겠다는 생각이 들었습니다. 빵을 만들기 위해 오랜 과정이 있는 것입니다. 재료, 반죽, 숙성, 오븐, 빵별 공정해서 포장하고 판매해야 합니다. 빵 만드는 모든 과정을 보면서 배정마다 정확하게 해주어야 맛있는 빵이 나올 수 있습니다. 빵을 만드는 일에 있어서 굴리기를 잘해야 한다는 생각입니다.

　빵 만들기도 연습만이 살길입니다. 빵 만드는 일에는 다 서서 작업을 합니다. 내가 신체장애 5급인데 서서 작업한다는 것이 쉽지 않습니다. 아침부터 저녁까지 서서 일해 본 적이 없습니다. 빵 만드는 일은 서서 작업할 수밖에 없습니다. 빵 만드는 도구, 기구를 씻는 일도 일입니다. 기름기가 묻어 있으니 깨끗이 해야 합니다. 조금 힘들어서 점심 먹고 나서는 동그란 의자를 갖다 놓고 앉았습니다. 워낙 작업이 많으니 곧 일어나서 작업할 수밖에 없습니다.

　12 Baskets에는 "사람은 빵을 만들고 빵은 사람을 살린다"라는 글이 쓰여 있었습니다.
　오늘 새벽 말씀이 예수님의 살과 피를 마시라고 하였는데 예수님의 살과 피에서 살을 표현하는 빵을 만드는 일이 사람을 살린다는 것입니다. 한국뿐만 아니라 세계 민족을 빵으로 살리고 있습니다. 오늘 빵 만드는 일은 너무나도 즐거웠고 행복했습니다. 빵 때문에 빵 터지는 날이 올 것입니다. 생명의 빵이신 예수님, 사랑합니다.

2. 영어 회화 잘해야 합니다

❯ ❯ ❯   아침마다 아내를 직장까지 차로 데려다주는데 오늘은 아내가 출근하지 않고 쉬는 날이라 시간 여유가 있어 아침 식사 후 천천히 경전철을 타고 빵집을 향해 갔습니다. 전철에서 내려 떡집에서 가래떡을 몇 줄 샀습니다. 전에는 시간이 없어 사고 싶어도 살 수가 없었는데 여유가 있으니 이렇게 떡도 살 수 있어 좋습니다.

빵집에 도착하였습니다. 사무국장님께서 이렇게 일찍 오셨냐 하시길래 아내가 출근하지 않았다고 하면서 가래떡을 보이며 먼저 와 계신 필리핀 제드 목사님 부부랑 함께 가래떡을 나누어 먹었습니다. 오늘 조회 기도는 제드 목사님의 아내 메리안 사모님이 하셨습니다.

건빵 식빵 1kg, 버터 식빵 1kg, 단과자 4kg였습니다. 오늘도 무엇이 잘못되었는지 단과자 5개 정도가 모자라는 양이 되었습니다. 재료를 담는 그릇을 빼고 계산해야 하는데 그렇게 하지 못하였는지 조금 모자라는 양이 되었습니다.

사무국장님은 필리핀 목사님 부부랑 영어로 대화를 나누는데 나는 영어를 할 줄 모르니 대화 내용이 무슨 말인지 모릅니다.

　사무국장님께서 소보로빵을 만들기 위해 소보로를 잡아끌어 당기고 손으로 정리하는 것을 여러 번 설명해 주는데 제대로 하지 못했습니다. 처음에는 다 그렇다고 하면서 잘 못한다고 야단치지 않으시며 친절하게 가르쳐 주셨습니다. 메르안 사모님은 자기 나름대로 소보로빵을 만드는 방법을 터득하여 소보로빵을 잘 만드십니다. 다른 빵을 만들 때도 자세히 설명하고 시범을 보여 주면서 빵을 잘 만듭니다. 제드 목사님은 오븐 관리하는 전문가가 되어 빵 만드는 일을 잘하셨습니다.

　빵 재료를 담고, 반죽하고, 숙성시킵니다. 빵 만들기 위해 혼자서도 재료들을 준비해야 합니다. 어제처럼 혼자 할 때는 힘이 들고 잘 모르기 때문에 시간이 많이 걸리지만 빵 만드는 일을 함께하고 자기가 맡은 일만 하니 오늘 빵을 많이 만들었는데도 비교적 일찍 만들 수 있었습니다. 더군다나 어제 오후에 오셨던 서 집사님께서 오늘도 오셔서 커피 주문도 받아 주시고 빵을 만드는 일을 도와주시니 한결 시간이 절약되어 오후 3시쯤 점심을 먹을 수 있었습니다. 레드 목사님 부부가 좋아하는 것이 꽃게탕이라 꽃게탕을 먹었습니다. 국물이 너무나도 맛있었습니다. 저보다도 필리핀 목사님 부부가 잘 드셨습니다. 특히 열무김치를 잘 드셨습니다.

　오후에는 스콘이라는 빵과 쿠키를 만들었습니다. 오늘도 새로운 빵을 만들었습니다. 필리핀 목사님 부부는 빵 만든지 6개월 정도

되었는데 전문가 수준이고 뒷정리 청소까지 다 하셨습니다.

오늘은 수요일이고 어느 정도 일이 끝나 교육비를 내고 사무국 장님께서 항상 챙겨 주시는 빵을 잔뜩 가지고 와서 동네 사람에게 나누어 주고 아내에게도 가져다 주었습니다. 동네 사람들은 빵이 맛있다고 난리입니다. 빵 가지고 이야기를 나눌 수 있어 좋았습니다. 받아 먹는 것이 미안하다고 하셨지만 나눠 먹을 수 있어 감사합니다.

영어 회화를 잘하고 싶은데 잘될 수 있을까? 영어 회화를 위해 5개월 이상 강의를 들었는데 강의 들을 때만 잠깐 할 수 있고 외국 사람을 만나면 무슨 말을 어떻게 해야 할지 하나도 기억이 나지 않습니다. 필리핀 목사님 부부가 매주 수요일과 금요일에 오시니 말이 통하려면 내가 영어를 하면 됩니다. 영어 잘하고 싶지만, 말이라도 잘 통했으면 좋겠습니다.

3. 빵 만들기 전문가는 잘 만듭니다

❯ ❯ ❯   늦지 않게 시간 맞춰서 빵집에 갔는데 먼저 오신 전도사님께서 일하고 계셨습니다. 서울역에서 노숙자에게 샌드위치를 만들어 주며 사역하는 전도사님이십니다. 지난 목요일에 빵 재료 만든 무게를 잘못 측량하여 빵 만드는 일이 늦어지고 점심시간도 늦어져서인지 오늘 전도사님께서 건강 식빵, 버터 식빵, 단과자 재료 담는 것을 혼자 다하시는 것입니다. 전도사님께 신뢰감이 없는 사람으로 찍혔다고 생각했습니다. 전도사님은 빵 만들러 오신 지가 7개월 정도이시고 동작이 얼마나 빠르신지 혼자서도 이것저것 일을 빠르게 잘하셨습니다.

오늘은 빵 반죽이 잘되었다고 사무국장님께 칭찬을 받았습니다. 제가 봐도 빵 재료 담은 것부터 빵 반죽, 빵 숙성, 빵 오븐 어느 하나 손색없이 잘하셨습니다. 빵 재료에 들어가는 속 재료까지 잘 만드셨습니다. 저는 팥 60g, 고구마 50g 담는 일을 했습니다. 빵 만드는 일에 있어서 작은 일입니다. 그래도 나는 감사하고 행복합니다. 빵 만드는 일이 다른 사람보다 늦는 것은 사실입니다. 생각도 행동도 늦습니다. 그런데 커피 바리스타 2급에서 내가 하는 행동이 느려도 마침내 좋은 결과를 가져온다는 경험이 있습니다. 나는 노력하는 스타일입니다. 잘하지 못하지만, 꾸준히 하는 편입니다.

오늘 운트바이오 회장님께서 커피 바리스타 2급을 가지고 있는 목사님께서 커피 타달라고 하셔서 아이스 아메리카노 몇 잔을 타보았습니다. 전에 사무국장님께서 커피 타는 것을 옆에서 몇 번 보았기에 아이스 아메리카노 타는 것은 어렵지 않았습니다. 다른 손님들 주문도 받았습니다. 사무국장님께서 카페라테 하시는 것을 옆에서 보았습니다. 우유를 데우는 것을 보았습니다. 커피 바리스타 2급 할 때 배운 것입니다. 그리 어려운 것이 아니었습니다.

전도사님의 수고로 인해 모든 빵이 오후 2시 30분쯤 다 나왔습니다. 이렇게 빠르게 손을 움직여야 이 시간에 빵이 나온다는 것을 생각해 보았습니다. 이제 전도사님은 빵 만드는 일에 전문가입니다. 점심 후에는 초콜릿 스콘이란 빵을 만들었습니다. 저는 만들어진 빵들을 포장하였습니다. 빵 포장도 여러 번 하니까 전보다 빨리 잘 포장할 수 있었습니다. 뭐든지 반복하다가 보면 요령이 생기고 빨라집니다. 오늘도 사무국장님은 빵을 챙겨 주셨고 전도할 빵도 챙겨 주셨습니다.

우리 동네 왔을 때 동네 사람들이 나에게 말을 걸어 전도 빵을 내놓게 합니다. 다른 사람에게도 빵을 나누게 되고 우리 교회 교인 집에도 빵을 나누게 됩니다. 12 Baskets 구호처럼 사람은 빵을 만들고 빵은 사람을 살립니다. 오늘도 좀 불편한 것도 있지만 행복한 빵 만들기였습니다.

4. 실수했습니다

❯ ❯ ❯   오늘은 빵 만들러 온 사람이 저 혼자입니다. 11시 쯤에 서 집사님이 오셨습니다. 일단 나 혼자 빵을 만들어야 하기에 빵 재료 담는 일부터 해야 했습니다. 버터 식빵 2kg 담았고 단 과자 4kg 담았습니다. 건강 식빵 1kg을 담아야 하는데 담다가 보니 2kg 에 마가린, 설탕, 소금, 개량제 등을 넣은 것입니다. 한마디로 실수 입니다.

사무국장님께 솔직히 실수했다고 하였습니다. 나중에 이상한 소 리를 듣는 것보다 잘못한 것은 잘못했다고 이야기했더니 사무국장 님은 2kg 하면 된다고 강력밀가루 1,030g을 더 달면 된다고 하셨 습니다. 나는 실수인데 사무국장님은 순간 대체 능력이 대단합니 다. 여기는 빵 만들기를 배우는 곳이고 누구나 실수할 수 있다고 하 면서 실수하면서 배우는 것이라고 격려해 주셨습니다. 그래도 미안 했습니다. 이것은 분명히 내가 잘못한 것이라 쉽게 잘못을 인정할 수 있었습니다.

어제 전도사님은 순식간에 빵 재료를 담고 반죽기 돌리고 반죽 숙성하고 오븐에 돌리기까지 하셔서 시간이 오래 걸리지 않았습니 다. 그런데 저는 시간이 오래 걸렸습니다. 서 집사님께서 오셔서 빵

도전해봤어!

만드는 일이 수월해졌습니다. 나는 팥 60g을 40개 만들어야 했습니다. 고구마, 호박 50g을 30개 만들었습니다.

빵 만들기를 위해선 공굴리기를 잘해야 합니다. 공굴리기를 잘했는지는 빵 모양을 보면 알 수 있습니다. 워낙 빵 반죽 만들어 놓은 것이 많아 시간이 많이 늦어졌습니다. 그 와중에 카페에는 손님들이 있었습니다. 오후 3시 30분이 되었는데도 빵 만드는 일이 끝나지 않았습니다.

서 집사님이 아는 사람이 손님으로 와 있었습니다. 서 집사님이 저랑 사무국장님이랑 점심 먹고 오라고 하는 것입니다. 미안했습니다. 카페 손님이 있었기에 가라고 할 수도 없고 서 집사님의 희생으로 나와 사무국장님은 점심 먹으러 갔습니다.

식사하면서 사무국장님께서 빵을 만들게 된 계기를 알게 되었습니다. 지구촌 사람들이라는 사무국장님으로 사무적인 일을 보려고 하였습니다. 그런데 막상 빵을 만들 사람이 없어 사무국장님께서 직접 빵을 만들 수밖에 없었다고 하였습니다. 원래 빵 선생님은 엄격하고 빵에 대한 자부심이 대단하였다는 것입니다. 사무국장님은 부드러우면서 강하십니다. 사무국장님과 서 집사님은 나를 위해 빵을 가르쳐 주고 실제로 보여 주기도 하고 설명도 잘해 주십니다. 가르쳐 주는 사람마다 가르치는 기술은 다르지만 자기 나름대로 노하우가 있습니다.

점심 후에 쉬지도 못하고 빵 포장하는 일을 했습니다. 뒷정리도 하였습니다. 사무국장님께서 전도 빵을 주셔서 전도하는 데 잘 사용해서 참 좋았습니다. 고맙기도 합니다. 빵 만드는 일이 힘들고 어렵지만 할만합니다.

5. 빵집에 달걀이 떨어지면 안 됩니다

> > >　　　　　아내가 일찍 출근하는 바람에 빵집에 조금 일찍 도착하였습니다. 내가 빵집에 오면 운트바이오가 잘되기를 위해 기도하고 전용수 회장님을 위해 기도합니다. 번성하고 형통하고 지경이 넓어지도록 기도합니다. 사무국장님과 인사하고 난 후에 빵 재료를 담는 일을 합니다.

버터 식빵 2kg, 단과자 3kg, 건강 식빵 2kg을 담아야 하는데 달걀이 부족한 것입니다. 일단 7개가 부족했습니다. 그래서 버터 식빵, 건강 식빵 만들 빵 재료를 담았습니다. 빵 재료를 담는데 홍 집사님이 오셨습니다. 일찍 오신 편입니다. 사무국장님은 달걀을 사오신다고 하면서 급한 대로 10개 달걀을 사 오셨습니다. 빵을 만들기 위해 공굴리기를 잘해야 하고, 350g, 270g, 50g을 잘 나누어야합니다. 단과자를 위해 50g을 122개 만들어서 합니다. 홍 집사님은 손이 워낙 빠릅니다. 분업화해서 빨리 잘 만듭니다. 홍 집사님이 빠르게 움직이니까 나도 빠르게 움직이면서 빵을 만드는 것입니다. 빵을 만드는 속도가 얼마나 빠른지 2시 10분쯤에 빵이 다 나왔습니다. 버터 식빵, 건빵 식빵에다 단과자 6개 종류의 빵이 다 나온 것입니다.

점심 먹으러 가기 전에 버터크림 만들기를 했습니다. 단과자 재료를 담는 것과 달리 새로운 것을 담는 것입니다. 설탕 2,500g을 담아야 했습니다. 물엿, 소금, 식초, 꿀, 마가린, 버터 등 잘 담아야 합니다. 오늘 4단계 방역체계이었는지 운트바이오 건물에 있는 사람들만 카페에 왔고 외부 손님이 점심 전에는 아무도 없었습니다.

다른 날보다 점심을 일찍 하러 갔습니다. 언제나 싱싱 식당에서 대구탕을 먹는데 언제나 먹어도 맛있습니다. 특히 국물이 시원합니다. 조개를 많이 넣어서 그런지 정말 맛있습니다. 점심 후에 빵 포장을 하였습니다. 버터크림 만들기 흰자 600g이 필요한데 달걀이 오지 않았습니다. 쿠키를 만들었습니다.

오후에 송 사모님이 오셨습니다. 오후 5시쯤에 달걀이 배달되었습니다. 버터크림을 만들기 시작했습니다. 반죽기에 흰자를 반죽하는데 상당한 크림 분위기가 났습니다. 그때 카페에 손님 2명이 오셨습니다. 따뜻한 아메리카노와 고구마 라떼를 주문하였습니다. 아메리카노는 제가 만들었고 고구마 라테는 사무국장님이 하시는 것을 보았습니다. 이 머신을 가지고 우유 시스템을 해보았습니다. 비교적 잘했습니다. 만드는 과정을 잘 지켜보았고 다음에는 혼자서 할 수 있을 것 같습니다.

오늘 빵 만들면서 홍 집사님께서 자기 어렸을 때 하나님께 기도하기를 사람들을 사랑하게 해 달라고 기도하였다고 합니다. 홍 집사님은 언제나 웃음이 가득 차 있습니다. 사람들을 좋아한다고 합니다. 목사인 나는 성령 충만하게 해 달라고 기도를 많이 했지, 많은 사람을 사랑하게 해 달라고 기도한 적은 별로 없는 것 같습니다.

저녁 늦게 버터크림 만들기를 하였는데 다 정리가 되지 않았지만 나는 빵집에서 나왔습니다. 사무국장님께서 전도 빵을 가져가라고 해서 종류별로 한 개씩 담았습니다. 나는 전도 빵이 있으면 전도하는데 얼마나 편한지 모릅니다. 예수님을 믿으라는 말을 하지 않아도 끊임없이 베풀고 나누는 삶입니다. 오랫동안 사랑하며 영혼이 주께로 돌아오기를 기도할 뿐입니다. 빵집에서 달걀이 중요한 것을 알게 되었습니다. 다른 재료는 없으면 다른 것으로 대체 할 수 있는데 달걀은 대체하기가 어렵습니다. 빵집에 달걀이 떨어지면 안 됩니다.

6. 실수하면서 배우는 것입니다

> > >　　　오늘은 박 전도사님이라는 분이 오셨습니다. 박 전도사님은 약 6개월 전에 빵집에 오셨고 교통사고인지 수술하시고 다리가 불편한 몸인데 이제 좀 나았다고 서울에서 약 2시간 걸려 오셨습니다. 전에 이 전도사님과 같이 서울역에서 노숙자 사역을 하셨던 분입니다.

　6개월 전에 빵집에 오셨지만 오랜만에 오셨기에 내가 하나하나 설명해 드렸습니다. 옆에서 사무국장님이 나보고 설명을 잘하신다고 하시길래 기독교 교육 전공을 하였고 오랫동안 어린이 집회를 인도하였고 교육은 이론이 아니라 실천이라고 생각한다고 말했습니다. 내가 하나하나 차분하게 설명한 것은 잘하셨는데 물어보지 않고 하는 일은 실수가 잦으셨습니다. 난 항상 물어보고 하는 편인데 6개월 전에 빵을 만드는 일을 해 보셨는지 의욕이 앞서신 것 같았습니다.

　땅콩 빵은 크림을 먼저 넣고 다이아몬드를 발라 주어야 하는데 크림을 넣지 않는 상태에서 다이아몬드를 발라 버린 것입니다. 사무국장님은 실수하면서 배우는 것이고 이곳은 그런 실수를 용납해 주지만 실제로 빵집에서는 실수하지 말아야 한다고 하셨습니다. 사무국장님은 이론적으로도 잘 설명해 주시고 실제로 빵을 만드는 일에도 시범을 잘 보여 주십니다.

오늘 사무국장님께서 배려하셔서 건강 식빵 1kg, 버터 식빵 1kg, 단과자 2kg을 하게 하셨습니다. 사무국장님은 외부에서 주문받은 것이 있어 기본 재료를 만드셨고 박 전도사님과 나는 단과자를 만들었습니다. 박 전도사님은 공굴리기는 몸이 기억한다고 하였습니다. 그러나 내가 보기에는 디테일하게 해야 한다는 생각이 듭니다. 일반 사람은 공굴리기를 잘했는지 모르지만, 빵을 만드는 사람들이 보면 공굴리기를 잘했는지 반죽을 잘했는지를 금방 알 수가 있습니다.

빵 만드는 일이 많지 않았기에 점심을 오후 2시 30분에 갈 수 있었습니다. 점심에 박 전도사님께서 서울역 노숙자 사역을 하시고 있는 배경 이야기를 하셨습니다. 나누고 베풀고 하는 마음이 감사할 뿐입니다. 점심 후에 빵 포장을 하였습니다. 외부 김 대표님이 오셔서 자기가 필요한 빵 만드는 일로 작업을 하였습니다. 빵집에서는 쿠키를 만들었습니다.

오후에 비가 왔습니다. 빵집에서 주신 빵을 가지고 와서 여러 곳에 빵을 나누어 주며 전도하였습니다. 빵을 먹어 본 사람은 맛있다고 합니다. 사람은 빵을 만들고 빵은 사람을 살립니다. 실수하면서 배우는 것입니다.

7. 컴퓨터가 고장이 났습니다

❯ ❯ ❯ 　　빵집에 가기 전에 컴퓨터 수리를 맡겼습니다. 어제 저녁부터 컴퓨터가 안 되었는데 드라이버 C가 깨졌다고 합니다. 새로 갈아야 한다고 합니다. 드라어버 C에 있는 자료는 하나도 건질 수 없었습니다. C 드라이버에 주보랑 설교랑 "도전 해봤어!" 원고가 있는데 어찌할 수 없어 갈기로 하고 오후에 컴퓨터를 찾아가기로 하였습니다.

　컴퓨터 가게에서 나와 빵집 사무국장님께 전화를 걸어 10분 정도 늦는다고 이야기했습니다. 집에 와서 씻고 빵집으로 향해 갔습니다. 사무국장님께 요즘 그렇게 할 일이 많은 것도 아닌데 천천히 오시지 그랬냐고 하셨습니다. 잠깐 앉아 내 하는 이야기, 내 형편에 관한 이야기를 나누었습니다. 목사인 내가 다른 사람과 내 속 이야기를 한다는 것이 쉽지 않습니다.

　오늘은 건강 식빵 1kg, 버터 식빵 1kg, 단과자 3kg입니다. 건강 식빵에 물이 많이 들어갔는지, 밀가루를 적게 넣는지 반죽이 질었습니다. 사무국장님이 밀가루를 더 넣으셨습니다. 빵 재료를 담고 있는데 곽 청년이 왔습니다. 곽 청년은 여자 청년인데 나름대로 사정이 있어 빵을 배우러 왔지만 4시간 정도 시간을 보내는 것에 만족합니다.

　내가 빵 만드는 것을 곽 청년에게 가르쳐 주었습니다. 교육 전공이라 하나씩 보여 주며 잘 가르쳤습니다. 처음 하는 손길을 볼 때 어설픔이 많이 있었습니다. 곽 청년을 가르쳐 주고 있을 때 음악을 가르치는 서 집사님이 오셨습니다. 서 집사님은 서 집사님대로 곽 청년에게 빵 만드는 일을 가르쳐 주었습니다.

　사무국장님께서는 샌드위치, 수박화채를 만들어 주셨습니다. 빵 만들기 위해선 공굴리기를 잘해야 하고 빵을 잘 만들기 위해선 떡가루를 잘 사용해야 합니다. 서 집사님의 일하는 스타일은 분업입니다. 서 집사님은 크림빵, 땅콩빵, 단팥빵을 만들고 나는 소보로빵, 고구마빵, 그루터빵을 만들었습니다. 곽 청년이 갈 시간이 되었다고 가 버렸습니다. 빵 만들면서 도쿄올림픽에서 우리나라 선수들이 잘한다고 이야기했습니다.

　오후 3시 10분쯤에 점심을 먹으러 갔습니다. 식사를 마치고 교육비를 냈고 오늘도 사무국장님께서 빵을 많이 챙겨 주셨습니다. 여러 사람에게 만든 빵을 나누어 줄 수 있어 감사하였습니다. 부지런히 경전철을 타고 오는데 비가 옵니다. 의정부 시청역에 내려 수리한 컴퓨터를 찾아 교회에 도착해 컴퓨터를 켰는데 부팅이 안 되었습니다. 컴퓨터 사장님께 전화했더니 뒤에 일자를 누르라고 했습니다. 컴퓨터가 켜졌습니다.

D 드라이버를 확인했는데 교회 자료, 교회학교 자료, 도전 해봤어! 원고가 없었습니다. 작년에 출판사 사장님께 메일을 보낸 적이 있는데 거기에서 "도전 해봤어!" 원고를 찾을 수 있었습니다. 감사할 일입니다. 컴퓨터를 제대로 활용하기 위해 기본적으로 갈아야 할 부분을 갈고 자료를 정리하였습니다. 어느 정도 자료를 정리한 후에 전도하러 나갔습니다. 전도하다가 전에 교회 근처에서 아는 사람이 지나가시길래 인사를 하였습니다. 늦은 시간이라도 전도할 수 있어 감사했습니다.

8. 드디어 오븐을 사용하게 되었습니다

❯ ❯ ❯   도착해보니 내가 제일 먼저 도착하였습니다. 아침에 냉커피 6잔을 주문받았습니다. 오늘 빵집에는 제드 목사님 부부, 천 집사님 부부, 나, 곽 청년, 사무국장님이 있었습니다. 다들 영어를 하니 오늘은 영어로 사용하자고 하네요. 난 영어 할 줄 몰라 애매하지요. 어제 오지 못했던 서 집사님이 빵집에 잠깐 들렀습니다. 오늘은 건강 식빵 2kg, 버터 식빵 2kg, 단과자 4kg을 하였습니다. 내가 먼저 빵 재료를 담아 주어야 다른 사람들이 일할 수 있습니다. 부지런히 빵 재료를 담았습니다.

빵을 만드는 사람들이 많이 있는데 오늘 빵을 배우겠다고 구리 교문 교회 서영재 장로님이 오셨습니다. 전에 어린이 부흥회에 갔던 교회입니다. 서 장로님은 대기업에서 은퇴하시고 '무슨 일을 해볼까!' 하면서 선교사님의 소개로 빵집에 오셨습니다. 내일부터 오셔서 빵을 만들기로 하셨습니다. 저 다음으로 빵을 배우러 오신 분입니다. 빵을 만드는 사람들이 많기도 해서 인도네시아로 선교 나갈 천 집사님께서 오븐을 해 보시라고 하였습니다. 오븐 마스터라고 하면서 나에게 오븐 사용할 기회를 주었습니다. 망토를 준비하여서 다니는 중이었습니다.

건강 식빵 위불 195 아래 불 175시간은 33분
버터 식빵 위불 185 아래 불 175시간은 22분

180, 175, 13분
소보로 195, 160, 14분 다 만든 다음에 돌려주기
고구마, 단팥 195, 152, 13분
크림, 땅콩 195, 150, 13분

    처음으로 오븐으로 빵을 만들어 봤습니다. 오븐 안이 뜨거웠습니다. 빵판을 들었을 때도 뜨거웠습니다. 판을 돌리는데 뜨거웠습니다. 이 오븐을 만지다가 팔을 약간 데었습니다. 망토를 하였는데 망토가 얇아서 그런지 약간의 상처가 있었습니다. 앞으로 오븐을 만지면서 팔의 상처가 얼마나 날까? 오븐을 만지다 보면 언제 상처가 나는지도 모릅니다. 가능하면 상처가 나지 않도록 조심해야 합니다.

9. 오늘 12 baskets에서 예배드렸습니다

❯ ❯ ❯   오늘은 수요일인데 12 baskets에서 예배드리기로 한 날입니다. 다른 날보다 나는 일찍 빵 재료를 담았습니다. 어제 천 집사님 부부가 못 온다는 것을 이미 알았고 제드 목사님 부부가 늦게 온 적이 없는데 오늘따라 차가 오지 않아서 빵집에 늦게 도착하셨고 사무국장님은 달걀이 없어 달걀을 사러 가셨습니다. 하나님 앞에 예배드리는 것이 영적 전쟁임을 느끼게 했습니다. 운트바이오 전용수 회장님은 철저한 기독교인으로 예배를 소중히 여기지만 나머지 사람들은 오늘 예배드리는 데 좀 힘들게 하고 어렵게 했습니다. 시간이 늦었지만 그래도 12 baskets에서 예배를 드렸습니다. 제드 목사님 부부, 전 회장님, 사무국장님, 곽 청년, 나 이렇게 6명이 예배를 드렸습니다. 제드 목사님 부부는 필리핀 사람이고 영어로 해야 알아 들을 수 있고, 사무국장님과 곽 청년은 비기독교인이고, 전 회장님은 기독교인입니다. 목사로서 예배 분위기가 무겁다고 느껴졌습니다. 신앙인으로 고백하면서 예배드리는 것과 비신앙인으로 어쩔 수 없이 예배드리는 것의 차이가 느껴집니다. 마음으로 믿고 입으로 시인해야 한다는 말씀이 기억납니다. 나는 최대한 짧은 시간으로 하나님께 예배드렸습니다.

성경 말씀은 요한복음 6장 35절로 "예수님은 생명의 떡"이라는 제목으로 말씀을 전했습니다.

설교 본문 내용입니다. 환자의 방황은 실력 있는 의사를 만나면 끝이 나고, 인생의 방황은 생명의 예수님을 만나면 끝이 나고, 굶주림의 방황은 12 baskets를 만나면 끝이 나고, 당뇨병의 방황은 운트바이오를 만나면 끝이 납니다.

예수님은 "나는 생명의 떡이니 내게 오는 자는 결코 주리지 아니할 터이요 나를 믿는 자는 영원히 목마르지 아니하리라"라고 말씀하십니다. 예수님께로 오면 절대 주리지 않고 영원히 목마르지 않게 하는 이유는 무엇일까요? 예수님은 생명의 떡이기 때문입니다. 영혼이 잘되고 범사가 잘되고 강건하여 하나님의 뜻을 이루며 영생을 얻게 하기 위해서입니다. 이런 하나님의 뜻을 위해 우리가 가지고 있는 꿈(비전), 끼(소질), 꼴(이미지), 꾀(지혜), 깡(추진력)을 사용하십시오.

하나님께서는 나를 통해 무엇을 하기를 원하실까? 하나님은 하나님의 나라와 의를 구하기를, 하나님을 사랑하고 이웃 사랑하기를 원하십니다. 사랑하는 12 baskets 가족 여러분! 누구든지 예수님 앞에서 "믿습니다!" 고백할 때 천국 문이 열립니다(마 16:16). "감사합니다!" 할 때 하늘 창고의 문이 열립니다(시 116:12). "사랑합니다!" 할 때 사명의 문이 열립니다(요 21:17). "주여!"하고 기도할 때 닫힌 문이 열립니다(행 16:26~27). "할렐루야!" 찬양할 때 영광의 문도 열립니다(수 6:16). "아멘!"하고 말씀을 받아들일 때 기뿜의 문이 열립니다(마 8:13). 예수님 안에서 꿈대로 됩니다. 예수님 안에서 말대로 됩니다. 예수님 안에서 믿음대로 됩니다.

예배 후에 전 회장님과 사무국장의 인사말을 하셨습니다. 예배 시간에 인사말을 하는 것은 옳지 않은 것 같아 하나님께 온전히 예배 드린 후에 인사말을 하면서 전 회장님의 마음과 사무국장님의 마음을 충분히 이해할 수 있었습니다.

오늘은 건강 식빵 2kg, 버터 식빵 3kg, 단과자 5kg입니다. 요즘 근래 제일 많은 양의 빵을 만드는 것입니다. 빵 재료를 담고 반죽기로 돌리고 작업해서 숙성실에 넣고 숙성되는 동안 기다려서 오븐에 넣으면 됩니다. 그 와중에 고구마, 호박, 단팥을 띠어 놓아야 합니다. 공굴리기를 열심히 해야 하고 단과자 빵 202개를 만들어야 했습니다. 곽 청년은 오후 1시 30분에 퇴근해야 해서 빵을 열심히 만들었습니다. 오후 4시쯤 되어서 빵 만드는 일이 끝나 그때 점심을 먹으러 갔습니다. 부대찌개 가게로 갔습니다. 레드 목사님 부부는 이 집 부대찌개가 맛있다고 합니다. 점심 후에 빵 포장을 하였습니다. 쿠키도 만들었습니다. 메리 안 사모님이 온도를 잘 맞추어서 쿠키를 만들었습니다.

퇴근 직전에 냉커피랑 빵 사러 처음 온 손님이 있었습니다. 빵에 무엇이 들어갔는지, 당뇨병을 앓고 있는 사람이 피할 것이 있는지 빵의 특징과 맛에 대해서 자세히 설명할 필요가 있었습니다. 오늘은 수요일이라 조금 일찍 빵집에서 나와 교회로 오면서 전도합니다. 빵을 나누어 주면서 이웃사랑을 실천합니다. 빵집에서 일하는 것이 힘은 들었지만 빵을 만들 수 있어 감사합니다.

사람은 빵을 만들고 빵은 사람을 살린다.

도전해봤어!

10. 빵집에 전설의 최은주 권사님께서 오셨습니다

❯ ❯ ❯   빵집에 갔더니 멕시코 이 목사님께서는 치과 치료 때문에 못 오신다고 합니다. 저랑 곽 청년만 일을 해야 합니다. 그런데 이주혜 청년이 빵집에 온 것입니다. 사무국장님께서 주혜 청년과 상담할 것이 있다고 하면서 앞으로 계획이 어떻게 되는지 물으시고 운트바이오에서 일하는 것이 어떠냐 하는 이야기를 나누는데 운트바이오 전 회장님이 오셨습니다. 먼저 전 회장님이 계시는 가운데 내가 기도로 시작하였습니다. 운트바이오를 위해 기도할 때 돈 많이 벌고, 하나님의 나라와 의를 구하고, 북한 선교를 하고, 선교사님들을 돕고, 구제하는 일에 앞장서게 해 달라고 기도하였습니다. 전 회장님과 주혜 청년은 3층으로 올라갔습니다.

    빵집 전설의 최은주 권사님께서 오셨습니다. 최 권사님은 이 빵집의 선생님 김상현 장로님의 1기 수강생이었습니다. 김상현 장로님의 빵 가르침은 노트 2권에 엄청난 빵 레시피가 기록되었습니다. 이 노트를 보며 빵 공부도 하고 빵을 어떻게 만드는지를 살펴봅니다. 김상현 장로님에게 함부로 말도 못 붙이고 빵을 배우는 사람들이 눈물을 많이 흘렸다고 합니다. 그런데 최은주 권사님은 그 앞에서 빵에 관한 질문을 하였고 선생님 앞에서 눈물을 흘리지 않았던 사람으로 알려졌습니다. 그 전설의 최 권사님께서 오늘 빵집에 오셨습니다. 주혜 청년은 오늘부터 운트바이오에서 일을 시작하였습니다. 12 baskets에서 빵 만들기를 배우며 운트바이오에 취직한 첫 번째 사람이 되었습니다. 곽 청년이 할 수 있는 일을 맡기고 빵을 만드는 일을 시작합니다.

오늘은 건강 식빵, 버터 식빵, 단과자 2kg씩 만들기로 하였습니다. 버터 식빵을 어떻게 만드시는지를 한번 보고 최 권사님은 바로 빵을 만드는데 얼마나 손이 빠른지 빵을 금방 만들어냈습니다. 건강 식빵도 한 번 보여 주자 바로 빵을 만들었습니다. 단과자도 한 번 보고 바로 빵을 만들었습니다. 최 권사님은 음악 계통에서 일하시고 전에는 학교 선생님을 하셨고 일반 사람들에게 오페라, 트로트 등 다양한 음악 장르를 가르치고 소프라노로 노래를 하기도 하였습니다.

곽 청년은 마음에 상처가 있어 말을 할 때도 늘 조심성 있게 배려하는 말과 예의 바른 말을 해 주어야 합니다. 부드럽고 존중히 여기는 말을 할 때 잘 따라 와 주지만 그렇지 못할 때는 오랫동안 집중해서 빵을 만들기는 쉽지 않았습니다. 곽 청년은 자기를 진심으로 사랑해 주고 아껴주는 사람들이 주위에 많이 있어야 합니다.

제가 어느 권사님께 빵을 보내기로 하여 건강 식빵, 버터 식빵 1kg씩 더하기로 하였습니다. 바로 빵 재료를 담고 반죽기에 돌리고 숙성하고 빵을 만들어야 하기에 준비하는 시간이 많이 들었습니다. 그 와중에 고구마 쿠키를 만들었습니다. 점심 먹기 전에 빵 포장도 어느 정도 하였습니다. 최 권사님은 한 번 보고 바로 빵을 만드는데 정확하게 빵을 만듭니다. 정말 잘 만듭니다.

오늘도 점심은 오후 3시 50분쯤에 싱싱 식당에 가서 식사하였습니다. 점심 후에 빵 포장과 식빵 커트를 하였습니다. 오후에도 고구마 쿠키 5판을 더 만들었습니다. 이제는 빵을 만드는데 여유가 있습니다. 빵을 만드는 법을 아니 빨리빨리 만들 수 있게 된 것입니다.

저녁 6시에는 의정부 평생교육원에서 제빵 교육이 있는데 내가 아는 평화비전교회 권사님과 담임목사님께 빵을 사서 보내 드렸습니다. 어제 오늘 내가 빵을 사서 택배로 보내는 곳이 7곳입니다. 이 분들에게 보낼 빵들을 포장하고 난후 택배 아저씨가 오셔서 빵을 실어 갔습니다. 운트바이오 회장님께 내일 12 baskets 예배 설교는 제드 목사님께서 하신다고 말씀드렸습니다. 전 회장님은 승리교회가 부흥하는 프로젝트를 생각해 본다고 하셨습니다. 최 권사님께 승리교회에 오셔서 찬양하라고 부탁도 하셨습니다. 조금 늦은 시간이지만 교회에 와서 빵을 가지고 전도하러 나갔습니다. 날마다 전도함으로 사람들의 마음에 그리스도를 모시기를 기도하며 그리스도께서 내 안에 사시는 모습을 보여야 합니다. 빵 때문에 사람들을 만나는 것이지만 예수님이 생명의 떡이라고 하였습니다. 이 말은 빵집에서는 예수님은 생명의 빵이라고 하기 때문입니다. 빵으로 인해 다양한 사람들을 만나고 그 인생에 빵이 사람을 잘되게 하는 삶을 살아가고 있습니다.

하나님께서 운트바이오와 12 baskets에서 일어나는 하나님의 기적을 맛보는 사람들의 이야기가 선교가 되고 영혼을 살리고 사람들의 삶 속에서 기쁨과 감사가 넘치게 하십니다. 한 주 전에 설교 후 실제로 일어나고 있습니다.

감사합니다. 사랑합니다. 짱입니다. 존경합니다.

11. 서울역 노숙자 사역하시는 두 전도사님이 계십니다

> > > 　　　　빵집에 제일 먼저 도착하였습니다. 서울역 노숙자 사역하는 이희숙 전도사님, 박승희 전도사님께서 오셨습니다. 아침에 오실 때는 이희숙 전도사님의 남편께서 두 분을 모시고 오시고 저녁때 퇴근하실 때는 박승희 전도사님의 남편께서 두 분을 모시고 가십니다. 멕시코 이 목사님이 오셨고 전설의 최은주 권사님이 오시고 곽 청년이 왔습니다.

　사무국장님께서 멕시코 이 목사님께 빵 개량을 달아 보도록 하라고 해서 멕시코 이 목사님께 빵 개량을 달아 보라고 하였습니다. 옆에서 잘하는지 살펴보고 있었습니다. 건강 식빵 2kg, 버터 식빵 3kg, 단과자 5kg였습니다. 처음 하는 사람이 하기에는 쉽지 않은 분량이지만 한두 번 정도는 옆에서 보았기 때문에 잘하셨습니다. 두 전도사님은 알아서 고구마, 호박, 단팥 각 수량대로 떼어 놓으셨습니다. 전설의 최 권사님은 손동작이 빠르고 정확합니다. 전에 우리가 배웠던 방식이 아니라 원래 선생님이신 김상현 장로님께 배운 대로 빠르게 빵을 만드십니다. 버터 식빵, 건강 식빵, 단과자 순서대로 빵을 만들었습니다. 곽 청년에게는 고구마 빵을 만들게 하였고 나머지는 알아서 빵을 만들었습니다.

이 전도사님께서는 빵을 만드는 데 있어 신속 정확합니다. 사무국장님께서도 이 전도사님이 하시는 것을 보면 칭찬하십니다. 빵을 만드는 일에 전문가들이 달라붙어서 빵을 만드니까 빵이 금방 만들어진 것 같은 느낌이 듭니다. 오늘 카페에도 손님들이 많이 와서 커피도 주문하고 빵도 사서 갔습니다. 먼저 버터 식빵 1kg을 더하게 되었습니다. 버터 식빵 1kg을 더 만들어야 하기에 시간이 더 걸렸습니다.

사무국장님만 빼고 먼저 5명이 보리밥집으로 점심 먹으러 갔습니다. 시간이 되었는데 안 오셔서 사무국장님께 전화를 걸었더니서 집사님이 오셨다는 것입니다. 서 집사님도 빵집에 빵을 사려 오셨습니다. 조카 한 명을 데리고 왔습니다. 점심 후에 빵집에 왔더니 아직 빵 포장도 하지 않았는데 빵을 가지고 와서 포장해 달라는 것입니다. 손님께 제가 손을 씻고 왔다고 하며 빵을 손으로 포장하였더니 어떤 손님은 "빵을 손으로 만지느냐" 하십니다. 안에서도 빵 포장을 이렇게 한다고 하였습니다. "예~~" 하고 대답하는데 제가 살짝 기분이 나빴습니다. 분명히 내가 먼저 빵 포장을 하는데 뭐라고 해서 내가 빵집 안에 가서 나머지 빵 포장을 해가지고 왔습니다.

카페 일을 하다 보면 냉커피 라떼를 주문하였는데 아이스 커피를 만들어놓을 때가 있습니다. 카페 주문도 잘 받아야 합니다. 사람마다 커피 취향이 다르니 그 취향대로 커피를 만들어 주려면 단골손님으로 만들면 됩니다. 요즘은 빵집이 소문이 났는지 이런 사람, 저런 사람들이 옵니다. 오전에도 장애인을 둔 부모님들이 와서 사무국장님과 면담을 하였습니다. 제가 장애인이니까 할 말이 많습니다. 한 어머니는 장애인을 둔 입장이지, 장애인의 입장은 정확히 모른다고 하셨습니다. 장애인은 끝까지 사랑해 주어야 한다고 말하였습니다.

오후에 박 전도사님께서는 밀봉, 카스테라를 직접 만들어보셨습니다. 물론 이 전도사님과 함께하셨지만, 주도적으로 밀봉을 만들어보셨는데 맛있는 카스테라 빵이 나왔습니다. 보기에도 좋았습니다.

사무국장님께서 건강 식빵 1kg을 더하라고 하셨습니다. 나중에 보니 반죽이 약간 질었습니다. 빵 개량을 잰 멕시코 이 목사님은 정확히 개량을 재었다고 하였습니다. 제가 처음에 개량을 재었을 때 일어난 것처럼 오늘도 일어났습니다. 분명히 정확히 개량을 재었는데 빵이 부풀어 오르지 않으면 "개량제를 넣었느냐? 물은 정확히 넣었느냐?" 물어보십니다. 정확히 넣었다고 하지만 결과물이 눈앞에 놓여 있으니 잘못을 시인할 수밖에 없습니다. 그래도 억울한 생각이 들었습니다. 멕시코 이 목사님도 잘 이해가 안 간다고 하십니다. 뭐가 잘못되었는지 알 수 없다는 것입니다. 빵 재료 개량을 하고 버튼을 안 눌러서 생기는 일이라고 생각이 듭니다. 멕시코 이 목사님은 빵집 청소까지 하시고 정리를 다 하셨습니다. 빵의 세계는 다양하고 재미있고 즐겁습니다. 생명의 빵을 만들고 있는 것입니다.

오늘도 동네 한 바퀴를 돌면서 전도합니다. 어제 비싸게 식빵을 먹어 본 채소 가게 사장님께서 나에게 말씀합니다.

"목사님, 어제 빵 정말 맛있었습니다."
"네, 제일 비싼 빵입니다."
"맛있습니다."

12. 장애인연대 부모들이 빵을 배우러 왔어요

> > > 　　　빵집에는 이 전도사님과 박 전도사님이 오셨습니다. 나랑 사무국장님이 있었습니다. 장애인연대 의정부 지회 어머니들 4명이 오셨습니다. 장애인 자녀를 둔 어머니가 의정부 시청 앞에 있는 장애인들이 운영하는 이룸카페는 12 baskets에서 만든 빵을 가지고 가서 판매하고 있습니다. 빵을 사가지만 말고 빵을 만들어서 보급해 보라고 해서 어머니들이 빵 만들기를 배웁니다. 4명의 어머니에게 내가 빵 재료 담는 것부터 보여 주고 어머니들에게 직접 해보라고 하였습니다. 내가 혼자 빵 재료를 담으면 근방 담을 수 있는 것을 설명을 듣고 직접 해 보게 하니 시간이 많이 갔습니다.

　　건강 식빵 2kg, 버터 식빵 3kg, 단과자 5kg였습니다. 단과자를 만들기 위해 고구마, 호박, 단팥을 나누어야 했고 반죽기를 돌려 보게 해야 했습니다. 버터 식빵을 만들기 위해 밀대로 미는 것이 이 전도사님과 제가 하는 방식이 달랐습니다. 나중에 보니 이 전도사님은 한 단계를 생략하고 바로 밀대를 밀고 버터 식빵을 만들었습니다. 앞에서 설명할 때는 뒤에 있는 사람은 물러서 있어야 합니다. 내가 하는 방식과 달라도 설명하는 사람의 의견을 따라야 했습니다. 사무국장님께서 설명하실 때는 가장 기본적인 방식이기에 잘 보고 따라야 합니다. 어머니 중에서 잘 보지 않고 자기 방식대로 만들려고 합니다. 그러면 빵을 제대로 만들 수 없습니다. 빵 만들기를 위해 공굴리기를 아무리 설명해도 잘되지 않습니다. 나도 공굴리기만 20일 정도 걸린 것 같습니다. 원리를 설명하고 해 보라고 하면 제멋대로 만드니 모양도 별로고 완성도도 많이 부족합니다. 초보자가 잘못 만들어 다시 전문가 손길이 닿으면 반죽이 잘되는 것입니다. 스콘이 주문이 들어와서 스콘을 만들고 고구마 쿠키를 만들었습니다.

빵집에 처음 오신 어머니들을 생각하여 오후 2시쯤에 제가 어머니들을 모시고 보리밥집으로 점심을 먹으러 갔습니다. 빵집에 온 사람들이 대부분 기독교인이었는데 종교를 가지고 있지 않은 분도 있어서 식사 기도도 제대로 하지 못하고 점심을 먹었습니다. 첫날이라 뭔가를 물어보기가 어려웠습니다. 점심 후 빵집에 돌아와서 빵 포장을 하였습니다. 빵 포장하는 요령을 알려 드렸습니다. 빵을 배우러 오신 어머니들에게 여기까지 빵 만든 소감이 어떠냐고 물었더니 첫마디가 "힘들어요. 빵 만드는 과정이 이렇게 힘든지 몰랐어요."라고 하십니다.

오후 4시 30분쯤에는 자녀들이 집에 오는 시간이라 어머니들은 집으로 가셨습니다. 이분들이 가신 후에 마들린, 호박 빵을 만들었습니다. 대충 빵집 청소를 하였습니다. 저녁에는 의정부 평생교육원 제빵수업이 있기 때문입니다. 빵을 만들 때 누구와 만드냐에 따라 빵 만드는 분위기가 다릅니다. 빵 만드는 방식이 사람마다 다 다르기 때문입니다.

　어느 분야든 처음부터 잘하는 것이 아닙니다. 잘못하고 실수합니다. 꾸준히 하다 보면 스스로 터득하게 됩니다. 공굴리기, 밀대, 쌓기, 균형 있게 밀기를 잘해야 빵을 잘 만들 수 있습니다. 빵집에서 목사인 내가 해야 할 일이 더 많아지고 삶 속에서, 말속에서 그리스도인의 모습이 있어야 합니다. 그리스도인으로 목사로 빵을 배우러 온 사람에게 예수님의 향기를 나타내야 합니다. 오늘 오신 어머니가 "하루이틀 나와서 빵을 만들면 안 되겠네요. 매일 와서 만들어야 하겠어요."라고 말씀합니다.

13. 누가 출판사 사장님이 심방 오셨습니다

> > > 빵집에 일찍 가서 빵 재료를 담아 놓았습니다. 반죽기를 돌리고 있는데 이 전도사님, 박 전도사님, 장애인연대 어머니 4명이 오셨습니다. 오늘 시작 기도는 이 전도사님이 하셨습니다. 오늘 반죽기를 잘 돌렸는데 빵을 만들다가 비춰에 식빵에 집어 넣는 것을 잘못 집어 넣었습니다. 마가린을 찾지 못하고 밤 슈를 집어넣은 것입니다. 장애인연대 어머니에게 빵을 만드는 것을 설명하고 시범을 보여 주고 잘하는지를 살펴봅니다.

역시 공 굴리기가 잘되는 것이 아닙니다. 그냥 대충 하는 것입니다. 처음부터 완벽하게 하는 훈련을 하면 참 좋은데 해도 잘되지 않기 때문에 힘들어 하십니다. 공굴리기 자세를 잡아 주어도 잘되지 않기 때문에 부단히 노력하고 연습해야 합니다. 소보로빵을 만들고 크림빵을 만들고 있을 때 누가 출판사 정 목사님께서 오셨습니다. 내가 시간을 낼 수 없으니까 누가 출판사 정 목사님께서 빵집으로 오셨습니다. 정 목사님께 빵 만드는 과정을 간단히 설명하고 난 후에 점심을 먹으러 가는데 정 목사님께서 부대찌개로 가자고 하셔서 식당에 갔는데 그 시간에 손님들이 많아서 큰 홀로 갔습니다. 정 목사님과 점심 먹으면서 그동안 있었던 하나님의 은혜 이야기를 나누었습니다. 하나님께서 내게 베풀어 주신 은혜와 축복 이야기를 시

도전해봤어!

작하면서 식사를 하였습니다. 그러면서 운트바이오 기업도 소개하였습니다. 운트바이오가 12 baskets 후원하고 있고 운트바이오 기업이 앞으로 해야 할 일을 이야기하였습니다. 앞으로 나올 책 "빵 만들어 봤어!" 대해서도 이야기를 나누고 앞으로 어떻게 책을 정리할 것인가와 책이 잘 팔리기 위해선 어떻게 해야 하는가를 나누었습니다. 점심 후에 빵집에 와서 따뜻한 커피를 마시면서 정 목사님께서 빵들을 사셨습니다. 한 분에게는 선물하시겠다고 하였습니다. 정 목사님과 운트바이오 기획실장님이신 임 실장님과 이야기를 나누게 되었습니다. 임 실장님께서 자신의 글을 정리해 놓은 것이 있다고 하면서 책을 만들어 볼까 하신다고 하셨습니다. 운트바이오 주식에 관해서 이야기를 나누어 주셨습니다.

오늘 빵집에는 기본 빵들을 만들 뿐만 아니라 스콘, 밀봉, 쿠키, 마들렌까지 만들었습니다. 오후에 음악 하는 서 집사님께서 오셔서 쿠키를 만들어 어린이들에게 나누어 주어야 한다고 하면서 4kg 쿠키를 만들었습니다. 서울역 노숙자를 섬기는데 이번 주 토요일에는 밀봉으로 나누어 주신다고 하여 밀봉을 두 번 만들어서 작업하였습니다. 자녀들이 좋아한다고 쿠키와 마들렌까지 만드느라 손길이 많이 갔고 빵 포장도 많이 하게 되었습니다.

장애인연대 어머니들은 정해진 시간에 가지 못하고 늦은 시간까지 빵을 만들고 정리도 하였습니다. 오후 5시 30분만 되도 의정부 평생교육원 제빵 교육생이 들어옵니다. 그러니 빵집을 정리해야 합니다. 쿠키 포장에 마들렌 포장도 카페에서 해야 했습니다.

전도 빵을 챙겨 홍선역에 나가 전도하기 시작하였습니다. 전도는 즐거움이며 행복입니다. 빵 만드는 것도 고생스러운 일이지만 빵이 맛있다고 이야기를 많이 해줍니다. 12 baskets에서 만드는 빵은 맛있습니다. 빵을 먹어본 사람들은 압니다. 내가 전도하는 사람들의 입에서 빵이 맛있다고 이야기합니다. 오늘 따뜻한 심방과 행복한 빵 만들기였습니다.

14. 반죽이 이상해졌어요

> > > 　　　　빵집 예배가 있는 날인데 설교 맡은 분이 사정이 있어 오지 못하였습니다. 갑자기 설교해야 할 상황이었습니다. 목사는 설교 준비, 이사 준비, 죽을 준비가 되어 있다는 말이 맞습니다. 전화를 받고 무슨 설교를 해야 할지 잠깐 기도하며 창세기 6장 5~8절, 찬송가 304장을 해야겠다는 생각이 들었습니다. 그 시대는 우상숭배하고 음란한 세상이었습니다. 하나님께서 인간을 만드신 것을 한탄할 정도입니다. 이렇게 타락한 세상에서 노아는 여호와께 은혜를 입었습니다. 오늘 예배자 중에 사무국장 이름을 불러 "그러나 전상삼은 여호와께 은혜를 입었더라"라고 하였습니다. 정말 그 은혜가 임해야 합니다. 하나님께서 나와 함께 하는 은혜, 건강의 은혜, 행복의 은혜가 임하기를 축복하였습니다.

　　예배 전에 버터 식빵 재료를 담아 놓았기에 버터 식빵을 반죽기에 돌렸습니다. 반죽하는 시간이 약간 길었지만, 반죽이 잘되었습니다. 단과자 빵 재료를 다른 분이 담았습니다. 문제는 반죽기를 너무 오래 돌렸다는 것입니다. 1단계, 2단계를 시간에 맞추어 돌려야 하는데 2단계를 너무 오래 돌렸나 봅니다. 공굴리기를 하는데 빵 크기가 좀 작아 보였습니다. 버터 식빵과 건강 식빵은 잘 되었는데 단과자는 제대로 숙성하지 못해서 빵을 제대로 구울 수가 없었습니다. 지난 월요일에도 빵을 잘못 만들어 손해를 좀 보았는데 이틀이 지난 후 오늘에도 빵 문제가 생긴 것입니다. 그래도 빵을 만들어 보려고 노력하였습니다. 빵이 아니라 과자처럼 되었습니다. 이런 상황에서 점심을 먹으러 가라고 하였습니다. 브라이언 목사님께서 본인이 점심을 내시겠다고 하였습니다. 브라이언 목사님의 마음에 그런 마음이 들어오셨다고 점심 먹으러 먼저 간 사람들과 나중에 간 사람들의 식사비를 내셨습니다. 점심 후에 빵집에 와서 카스데라를 만들고 쿠키를 만들라고 하셨습니다. 카스데라는 제드 목사님 부부가 담당하였고 쿠키는 브라이언 목사님과 연희랑 담당해서 만들었습니다. 카스데라와 쿠키는 잘 만들었습니다.

오늘 오전에는 빵집에서 경기 북부 청소년자립지원관과 협약식이 있었고 오후에는 멕시코 이동훈 목사님과 의정부 십대지기 박현동 목사님의 대화가 이루어졌습니다. 오늘 제대로 빵이 나오지 않는 상황에서 엉성한 소보로빵과 고구마빵을 전도에 사용하려 합니다. 홍선역까지 박현동 목사님의 차를 타고 가게 되었습니다. 박현동 목사님과도 정말 깊은 대화를 나누었습니다.

오랫동안 청소년, 청년 사역하면서 느끼는 점을 서로 나누었습니다. 박 목사님께서 청소년, 청년 사역 20년이라면서 자존심을 내려놓으셨다고 하였습니다. 저는 그래도 박 목사님께 자존감을 높게 가지고 있어야 한다고 이야기했습니다. 저에게도 여러 가지 역할의 해야 할 일이 있지만, 나의 자존감은 승리교회 담임목사입니다. 그러기에 승리교회가 잘되어야 행복한 것이라고 말씀드렸습니다.

도전해봤어!

교회에 오자마자 전도하러 나갔습니다. 오늘도 과자 같은 빵들을 사람들에게 나누어 주었습니다. 이분들은 과자 같은 빵이라도 감사하다고 받으십니다. 그동안 맛있는 빵을 제공하였기 때문입니다. "빵 재료값이라도 주어야 하지 않을까, 교회 한번 나가야 하지 않을까" 하십니다. 옷가게에서는 옷 한 벌 줄 생각을 하셨다고 합니다. 오늘도 빵 반죽이 잘못되어 엉성했지만, 그 빵으로 전도하는데 귀하게 쓰임 받아서 감사합니다. 하나님께 귀하게 쓰임 받기를 원합니다.

15. 돕는 손길이 있어 행복했습니다

> > > 　　　오늘은 내가 쉬는 날인데 할 일이 많아 빵집에 나왔습니다. 롤케이크를 자르고 포장해야 하기 때문입니다. 빵집에 왔더니 사무국장님과 천 집사님과 이 집사님께서 아침 일찍부터 오셔서 롤케이크 포장을 하고 계셨습니다. 나도 롤케이크를 포장하는 데 동참하였습니다. 천 집사님과 약속하셨던 추명성, 장진희 집사님께서 오셔서 롤케이크 포장하는 일을 도와주셨습니다. 추 집사님과 장 집사님은 오늘 딸 효주가 생일이라고 하면서 생일 케이크를 직접 만드셨습니다. 나도 생일 케이크는 처음인데 두 분이 케이크를 만드셨습니다. 처음이지만 정성을 다하고 모양도 참 좋았습니다. 천 집사님 부부랑, 추 집사님 부부랑 롤케이크 상자 포장을 분업화해서 이른 시간에 끝낼 수 있었습니다.

　　롤케이크를 작업하고 있는데 이 전도사님께서 오셨습니다. 어제 사무국장님께서 일할 사람이 없다고 이 전도사님께 부탁하셨나 봅니다. 빵집에서 해야 할 일은 많은데 일할 사람이 없어 마음고생을 할 수 있는데 이렇게 일할 사람들이 있어 행복합니다. 늘 하던 대로 건강 식빵, 버터 식빵, 비쉬케 식빵 7kg을 하였습니다. 반죽이 잘되었습니다. 빵도 잘 만들어졌습니다. 천 집사님 부부랑 추 집사님 부부랑 먼저 식사하러 가셨습니다. 나중에 사무국장님과 이 전도사님과 저랑 점심 먹으러 갔습니다.

식사 후에 콩나물을 가지러 갔습니다. 콩나물을 가지러 가기 전에 몇 개의 빵을 사서 콩나물 집에 드렸습니다. 우리 동네에 와서도 전도하였습니다. 목사님이 동네 사람들을 먹여 살린다고 동네 사람들이 말합니다. 송추지역에도 콩나물과 빵을 나누어 주었습니다. 이렇게 빵을 만들 수 있어 행복하고 콩나물 전도할 수 있어 감사합니다. 앞으로 승리교회 1층에 빵과 커피를 함께 하는 카페가 문이 열릴 것을 기대합니다. 하나님께서 지금까지도 함께 하셨던 것처럼 앞으로도 함께하여 주시고 도와주시고 인도하시고 역사하여 주실 것입니다.

16. 목사님의 설교는 99.9999999점입니다

❯ ❯ ❯　　　　　빵집에 수요예배가 있는 날입니다. 설교는 제가 했습니다. 설교할 기회가 있을 때마다 요한복음 말씀을 전하였습니다. "예수님은 부활이요 생명"이라는 제목으로 하나님의 말씀을 선포하였습니다. 성경은 죽은 자 가운데서 부활하시고, 죽은 자 가운데서 다시 사심을 증언하고 있습니다. 본문 중심에 "돌을 옮겨 놓으라…" 하는 말씀을 우리는 어떻게 적용해야 할까요? 이 말씀은 불가능에 도전하라는 것입니다. "믿으면 하나님의 영광을 보리라…"에서 믿음이란 권리증서입니다. 땅의 소유권을 가지고 있을 때 힘이 대단한 것처럼 믿음이란 권리증서는 대단한 것입니다. 사용할줄 아는 사람이 되어야 합니다. "감사하나이다" 말씀은 감사로 불평을 이기라는 것입니다. 감사하면 할수록 감사할 일이 생깁니다. "풀어놓아 다니게 하라"에서 우리 삶에 풀려야 할 것들이 있음을 알게 하십니다. 물질이 풀려야 합니다. 건강이 풀려야 합니다. 가정이 풀리고 자녀가 풀려야 합니다.

　예배가 끝나고 교회도 안 다니시는 사무국장님께서 "목사님의 설교는 99.9999999점입니다." 하셨습니다. 잠깐 들렸던 김미남 사장님도 목사님 설교 잘하신다고 말하고 가셨다고 합니다. 예배 끝나자마자 천 집사님께서 설교 원고를 올려달라고 하였습니다. 목사

도전해봤어!

님의 설교를 몇 번 들어 봤는데 이렇게 설교를 잘하시는데 교인들이 없다는 것이 이해가 안 간다고 하십니다. 사무국장님께서 저의 설교는 "설교자가 확신 있게 전하시고 설교가 재미 있습니다. 설교는 더 고민 안 하셔도 되겠습니다. 사람들과 관계만 잘하시면 될 것 같습니다."라고 이야기하셨습니다. 목사에게서 성도들이 목사님 설교 잘하신다는 소리 듣는 것만큼 기분 좋을 때가 어디 있겠습니까? 우리 아버지 이세님 권사님도 "이 목사, 설교를 잘하는데, 교인들이 너무 없다." 하셨습니다.

하나님 아버지!
성령을 따라 설교할 테니 설교를 들어야 할 성도들(세 겹줄, 3가정 이상)을 보내 주옵소서.

17. 의정부 십대지기 선교센터 운영위원들이
   다 모였습니다

> > > 　　빵집 방문하기 전에 승리교회에서 의정부 십대지기 선교센터 운영위원회가 있었습니다. 오전 7시에 모였는데 운영위원 12명 전원이 참석하였습니다. 이렇게 전원이 참석한 것은 지난 10여 차례 동안 처음 있는 날입니다. 청소년에 관한 전문가들이 모여 학교와 교회와 선교단체가 합력하여 선을 이룹니다.

　　청소년들에게 꿈을 스스로 말할 수 있게 해야 합니다. 재미를 줄 수 있어야 하고 자신의 끼를 표출할 수 있는 장을 마련해 주어야 합니다. 청소년들에게 구원의 확신을 분명하게 갖게 해야 합니다. 코로나로 인해 어려운 시기에 청소년들을 그리스도 앞으로 인도하여야 합니다. 운영위원회의 끝나는 시간을 정해 놓고 회의를 하니 참 좋습니다. 회의 후에 콩나물국밥집에 갔는데 정말 맛있게 먹었습니다. 출근해야 한다고 하고 빵집으로 향하였습니다.

　　빵집에는 감신대 총학생회 회장님이 빵 400개를 가지러 와 있었습니다. 인사를 하고 오늘 행사가 잘되도록 기도해 주었습니다. 빵집에는 이 전도사님과 천 집사님 부부가 빵을 만들고 있었습니다. 카페는 사람들이 많이 있었습니다. 조금 후에 곽 청년이 왔습니다. 한쪽에서는 단과자 빵을 만들고 한쪽에서는 롤케이크를 만들었습니다. 천 집사님께서 단과자를 만드는 것에서도 내가 놓치고 있는 부분을 잘 설명해 주었습니다. 이 전도사님은 알아서 빵을 잘 만들고 있었습니다. 나도 롤케이크에서 둥글게 마는 일을 해보았습니다.

천 집사님 부부가 와서 빵 만드는 일이 빨라졌습니다. 천 집사님은 항상 빵을 새롭게 만들려고 합니다. 도전하고 노력하는 모습이 있습니다. 오후쯤 천 집사님 부부랑 곽 청년은 퇴근하였습니다.

싱싱 식당에서 점심 먹고 난 후 빵집에 와서 빵 포장을 하였습니다. 국장님과 이 전도사님은 롤케이크를 계속해서 만들고 있었습니다. 시간이 되어 전도하기 위해 퇴근하였습니다. 상가들이 문을 일찍 닫았습니다. 그래도 전도할 상가가 있습니다. 전도할 수 있는 상가들이 있다는 것이 감사합니다.

승리교회 재정의 부흥이 일어나고,
승리교회 사람들이 모이는 부흥이 일어나고,
승리교회를 통해 하나님의 나라 확장이 일어나는 것을 보게 하소서!!!

18. 나를 찾아 주니 감사하네요

❯ ❯ ❯   빵집에 갔는데 운트바이오 전 회장님께서 "목사님, 월, 화, 수만 나오신다면서요." 하고 말씀하셨습니다. 장애인 부모연대 어머니께서 월요일에 목사님께서 계셔야 빵을 만들 수 있다고 합니다. 목사님이 계신 것과 안 계신 것의 차이가 있다고 말씀하신다고 하셨습니다.

오늘은 건강 식빵, 버터 식빵, 비쉐게 식빵 6kg입니다. 빵을 만들려고 하는데 라오스 선교사님 부부가 오셨습니다. 갑자기 빵을 만드는 사람들이 많아졌습니다. 전에는 10kg을 만들었는데 사람도 많은데 6kg밖에 안 되어 마음에 여유가 있었습니다. 장애인 부모연대 어머니들께서 나름대로 빵 만드는 방법과 빵 만들기 순서를 잘 알기에 빵 만드는 데 큰 도움이 되었습니다. 기본적인 빵을 만들면서 마들렌, 초콜릿 스콘, 롤케이크를 만들었습니다. 지난 연말에 롤케이크를 먹어보았던 교회에서 주문하였다고 하였습니다.

점심은 배달 음식을 먹었습니다. 다른 날보다 일찍 먹었습니다. 점심 후에도 빵을 포장하였고, 크림을 돌려 보기도 하고, 빵 커트도 하였습니다. 사무국장님께서 롤케이크 만드는 법을 자세하게 가르쳐 주셨습니다. 빵을 만드는 것을 옆에서 보는 것과 직접 해보는 것

도전해봤어!

과는 많은 차이가 있습니다. 빵 만드는 사람마다 특징이 다르고 방식도 다릅니다. 얼마나 잘 마쳐 가느냐가 중요합니다. 라오스 선교사님 부부가 열심히 빵을 배우려고 해서 감사했습니다. 오후에 장애인연대 부모 부회장님께서 내게 작은 선물을 주셨습니다. 지난번에 장애인연대 바자회에 약간 금액을 후원하였기에 답례로 가져오신 것 같습니다.

여러 가지 빵을 만들었는데도 오후 5시 10분쯤에 끝나서 약간의 빵을 챙겨 나왔습니다. 라오스 선교사님께서 나보고 차를 타라고 해 차를 타고 홍선역까지 왔습니다. 그곳에서 전도하기 시작하였습니다. 오늘은 다른 날보다 일찍 왔는데도 문을 닫은 상가들이 많았습니다. 상가들이 좀 살아나야 하는데 다들 사는 것이 힘들어집니다. 하나님께서 코로나를 속히 사라지도록 도와주시면 좋겠습니다. 오늘도 빵을 만들 수 있어 감사하고 전도할 수 있어 감사합니다.

19. 각종 소스를 만들어 보았습니다

〉 〉 〉　　　　오늘 수요예배는 필리핀 선교사로 나가실 분이 사정이 있어 제가 했습니다. "예수님은 포도나무입니다. 우리는 가지입니다. 가지인 우리는 포도나무이신 예수님께 붙어 있으면 열매를 거둡니다. 하나님의 말씀과 기도로 내 안에서 살아 움직이는 것을 보아야 합니다. 그 안에서 무엇이든지 구하라 그리하면 이루리라고 하였습니다." 하는 말씀을 전했습니다. 예배 후에 몇 분이 와서 은혜받았다고 하셨습니다.

　라오스 선교사님의 쌍둥이 아들 생일이라 용돈을 주었습니다. 사무국장님께서 수원에 내려가실 일이 있어 우리끼리 빵을 만들었습니다. 제드 목사님과 천 집사님께서 계시고 이 집사님께서 계시기에 가능한 일입니다. 각자 맡겨진 일을 잘하였습니다.

　점심은 이 집사님께서 맛있는 떡국을 준비해 주셨습니다. 도시락을 먹는 것보다, 식당 나가서 먹는 것보다 맛있었습니다. 빵집에는 선교사로 나가실 분이 많아 영어로 대화를 나누는 분들이 많이 있습니다. 브라이언 목사님께서 몇 사람에게 영어를 가르쳐 주고 있습니다. 나름대로 영어를 하고 제드 목사님이 있기에 실습하기에도 참 좋습니다.

오늘은 밀봉 작업을 하였고 빵 포장을 하였습니다. 이 집사님께서 애플 곰보빵, 카스타드, 버터크림 내리기를 알려 주었습니다. 여러 번 보는 것보다 실제로 해보는 것이 도움이 많이 됩니다. 오븐도, 각종 소스도, 밀봉도 실제로 해보면서 빵 만드는 실력이 늘어나는 것입니다. 쿠키 청도 자꾸 해보아야 한다고 하셨습니다. 빵이 제대로 만들어지기까지 여러 과정이 있습니다. 더욱더 좋은 빵을 만들기 위해 여러 사람이 노력하고 있습니다. 오늘도 빵을 만들 수 있어 행복했습니다.

20. 장애인, 노숙자를 어떻게 보십니까?

>   >   >   빵집에는 나랑 몽골 선교사랑 곽 청년과 사무국장님만 있었습니다. 오늘 만들어야 할 빵은 11kg였습니다. 빵 만드는 일을 해야 하는데 빵 만들어야 할 사람은 많지 않았습니다. 빵을 만드는데 고구마, 호박, 단팥, 오란다를 나누어야 하고 빵 재료를 담아야 했습니다. 사무국장님께서 빵집 앞에 있는 천 집사님 부부에게 도움을 요청하였습니다. 천 집사님 부부는 오후 2시에 약속이 있었습니다. 빵을 만드는 데 사람의 손길이 있어 감사했습니다.

　빵을 만들다 보면 자기 생각과 자기 방법이 있습니다. 저는 이 빵집에 모든 기준은 사무국장님이시기에 여기에 맞추려고 합니다. 왜냐하면, 사무국장님이 빵 모양, 빵 크기 보시고 평가를 하기 때문입니다. 빵을 배우러 오는 사람들에게 야단치지 않으시지만 나름대로 빵이 나오는 것을 보고 이러고 저러고 말씀하십니다. 그것을 잘 들으면 빵 만드는 데 큰 도움이 될 것입니다. 빵을 급하게 만들다 보니 숙성실에서 조금 일찍 꺼내 빵을 굽고 크림빵을 너무 많이 만들어서 단팥빵을 많이 만들 수 없었습니다. 그럴 수도 있습니다. 빵을 만드는 데 있어서 절대로 서두르면 안 됩니다. 참고 기다려야 합니다.

점심 후에는 이 집사님께서 오셔서 빵 포장하는 일을 도와주셔서 일이 일찍 끝나게 되었습니다. 장애인 부모연대 엄마들이 빵집에 오셨습니다. 사고 싶은 빵들이 아직 나오지 않아 기다리면서 저랑 이야기를 좀 나누었습니다.

"장애인을 둔 부모 마음이 어떠한지요? 내가 알고 있는 진영이가 있는데 그 진영이도 얼마나 부모를 힘들게 하는지…"

"그 진영이라면 3명이라도 키우겠습니다."

"하나님께서 나에게 주는 짐이라고 하면 나는 절대로 그 짐을 지고 싶지 않습니다. 장애인을 둔 어머니의 심정을 내가 어찌 다 알 수 있겠습니까?"

"나야 장애인으로 살아가면서 사람대접받지 못하고 남의 눈치를 보면서 살 때가 많았죠."

또 노숙자 사역하는 목사님과 짧은 만남이 있었습니다. 그 노숙자에게 밥도 해주고 먹을 것도 채워 주고 예배드리게도 합니다. 그러나 노숙자들이 틈만 나면 술 먹으러 다니고 하는데 뭔가 변화되기도 어려운 환경 속에 살아가는 사람들을 버리지 않고 돌보는 목사님 가정이 참으로 존경스럽습니다. 자신이 모 좀 한다고 되는 것이 아님을 알고 그 사람들을 다 하나님께 맡기고 매 순간 최선을 다하여 사역하시는 목사님 가정입니다. 사모님께서 일하시기에 그 노숙자 사역을 감당하는 것이라고 하였습니다. 그저 퍼주어야만 하는 일이기에 얼마나 힘들까? 그렇게 퍼준다고 뭔가 나오는 것이 있겠는가? 장애인이나 노숙자들이 교회에 가기가 힘들다고 하십니다.

교인들이 자신들을 바라보는 눈길이 힘들게 하기 때문입니다. 예수 그리스도의 마음으로 장애인이나 노숙자들을 돌볼 수 있는 사랑이 있을까요? 그 사랑을 하나님께서 나에게 부어 주옵소서!!!

도전해밧거!

21. 오늘 예배 축도 영어로 해 보았습니다

❯ ❯ ❯ 12 baskets 예배에 제드 목사님께서 "너희는 나를 누구라 하느냐?"라는 제목으로 하나님의 말씀을 전해 주셨고 나는 영어로 축도하였습니다. 영어로 써놓고 한글로도 써 놓았습니다. 첫 번째는 늘 천천히 하자 하는 것입니다. 실수하지 않고 정확하게만 하자는 생각으로 하였습니다. 내가 영어로 축도하니 손뼉을 쳐 주셨습니다.

예배 후에 재료를 담으면 시간이 너무나도 많이 걸리기 때문에 예배드리기 전에 버터 식빵 재료를 담아 놓았습니다. 나중에 안 사실이지만 오늘 버터 식빵이 잘되지 않았습니다. 반죽기에 빵 재료를 담지 못하고 많은 양의 설탕이 바닥에 떨어졌던 것입니다. 어찌 되었든 빵이 제대로 나오지 않은 것에 책임은 나에게 있습니다. 나름대로 열심히 하는데 요즘 연속으로 실수가 잦습니다. 내가 시험 준비하는 것이 있어서 그런지 마음이 편안하지 못한 것 같습니다. 오늘 빵 만드는 사람이 많지 않았기에 그래도 제드 목사님 부부랑 브라이언 목사님이 함께 하였기에 가능했던 것이고 곽 청년은 자기가 담당한 고구마 빵만 만들면 다른 일은 하지 않고 퇴근합니다.

주어진 환경 속에서 빵을 만들고 점심은 싱싱 식당으로 갔는데 오늘따라 해물탕이 너무 맛이 있었습니다. 잘해 주셨기 때문입니다. 식사를 만족하게 하였으니 감사하였습니다. 점심시간 전에 여기에서 빵을 배웠던 윤희가 빵집에 찾아왔습니다. 음료수를 사 가지고 와 한 개씩 나누어 먹었습니다. 잠깐 시간을 내어 "꿈을 가지고 피눈물 나게 노력하는 사람이 되라"고 이야기해 주었습니다.

점심 후에 브라이언 목사님과 고구마 쿠키 8판을 만들었습니다. 제드 목사님 부부는 빵 포장을 하였습니다. 내가 개량을 잘못 한 것이 마음이 편하지 않았지만, 어찌합니까! 빵 재료도 끝까지 잘 담아야 합니다. 오늘도 빵을 만들 수 있어 감사했습니다.

22. 인도, 베트남 사람이 빵을 배우러 왔습니다

❯ ❯ ❯ 　　　　빵집에 떡볶이를 사서 갔습니다. 지난번에 박 전도사님께서 나보고 떡볶이 좀 사 오라고 하여 오늘 사서 갔습니다. 박 전도사님과 사무국장님과 떡볶이를 잘 먹었습니다. 역시 명랑분식 떡볶이는 맛이 있습니다. 떡볶이를 먹고 난 후에 빵 만들기를 시작하였습니다. 빵 재료는 내가 담았습니다. 빵집에는 지난번에 빵을 배우러 오겠다고 했던 인도 사람, 베트남 사람이 왔는데 이 사람들은 통역이 필요하다고 해서 브라이언 목사님께서 대전에서 오셨습니다. 내가 차분하게 빵을 가르쳐주어도 빵을 자꾸 해 봐야 합니다. 첫날치고 너무 잘했습니다. 감각이 있는 것도 있고 브라이언 목사님께서 열심히 통역도 하고 대화를 나누어 주기에 빵 만드는 일을 잘할 수 있었습니다. 일단 내가 가르치지만, 사무국장님이 오시면 나는 뒤로 물러가 있습니다. 남이 하는 것을 잘 보아야 합니다. 대충 보고 하는 것이 아니라 남이 빵을 만들어 가는 것을 잘 보고 흉내라도 내야 합니다. 설명하는 대로 잘 따라오는 편이었습니다.

　점심은 사무국장님께서 고기를 대접하는 것이 좋겠다고 하여 용호갈비에 가서 돼지고기와 냉면, 된장찌개를 먹었습니다. 비교적 잘 먹었습니다. 한국회사에 다닐 때 고기랑 냉면을 먹은 적이 있다고 하였습니다.

점심 후에 고구마 쿠키는 주로 브라운 목사님께서 담당하셨고 빵 포장을 하였습니다. 카페에 손님이 오면 나가서 주문을 받아 서빙을 하였습니다. 역시 영어 공부를 열심히 해야 외국 사람들과 대화를 나눌 수 있습니다. 그래도 내가 빵을 만들면서 한번 보여 주고 따라 해 보라고 합니다. 아무리 시범을 보여 주어도 잘 안 되는 것이 빵 만드는 것입니다. 그런데 시간이 지나면 다 됩니다.

오늘도 전도 빵을 가지고 와서 우리 동네에 전도하였습니다. 전도하면 내 영이 살고 전도하면 교회가 삽니다.

23. 오븐을 처음부터 끝까지 책임지고 해 봤습니다

❯ ❯ ❯　　　빵집에 가서 빵 만들기를 하는데 크래프트가 없어 건강 식빵을 만들지 못하고 버터 식빵과 단과자를 만들었습니다. 빵 재료를 담고 반죽기를 돌리고 빵을 만들기 시작하였습니다. 지난 목요일에 오지 못해 오늘 월요일에 온 곽 청년이 있었습니다. 곽 청년이 고구마 빵을 만들고 갔습니다.

오븐을 담당하여 빵을 만들기 시작하였습니다. 빵을 오븐에 넣을 때는 망토를 하면서 빵을 안전하게 굽습니다. 약간 덜 익은 느낌이 있는 빵이 있었지만 대부분 빵을 잘 만들었습니다. 혼자서 빵을 굽는 일은 조금 힘들고 어려운 부분이 있었지만 대부분 빵을 잘 만들어냈습니다.

점심은 이 집사님이 짜장밥을 제공한다고 연락이 와서 식당에 나가지 않고 나는 오븐을 계속해서 담당해 빵을 만들었습니다. 기본적인 버터 식빵과 단과자 6종의 빵을 제대로 굽기 시작하였습니다. 짜장밥으로 점심을 먹었고 식사 후에 빵 포장을 하였습니다. 카스테라 빵이나 쿠키를 오전에 재료를 만들어냈기에 오후에는 그리 어려운 일이 없었습니다.

오늘은 빵 만드는 사람들이 많았고 빵 만드는 양도 많지 않아 빵 만드는 일이 빨리 끝났습니다. 여러 사람이 빵을 만드니 빨리 끝납니다. 그래도 빵 오븐을 맡은 사람이 마무리를 잘해야 합니다. 끝까지 잘 만들어야 빵이 되고 더 맛있는 빵을 찾는 사람에게 만족을 줄 수 있습니다. 빵 만드는 일이 일찍 끝나 일찍 가서 전도할 수 있어 정말 좋습니다.

도전해봤거!

24. 목사님, 실력이 좋으시네요

❯ ❯ ❯　　　　　　빵 재료를 담는 일을 새로 온 인도 사람, 베트남 사람에게 해 볼 기회를 주라고 사무국장님께서 말씀하셨습니다. 고구마를 나누고 있는데 인도 사람, 베트남 사람이 늦게 왔습니다. 그래서 먼저 버터 식빵 재료를 담을 수밖에 없었습니다. 버터 식빵 재료를 다 담고 반죽기에 돌리고 단과자 빵 재료를 담아 보라고 하였습니다. 이들이 영어를 쓰지만 빵 재료 담는 표시가 칠판에 쓰여 있기에 한국어랑 영어랑 섞어서 차분하게 설명하였습니다. 강력분을 담고 마가린, 설탕, 개량제, 이스트 골드, 전지분유, 달걀, 물 순서대로 같이 담아 보았습니다. 인도 사람, 베트남 사람이 서로 번갈아가며 빵 재료를 담았습니다. 반죽기에 담아서 돌리는 것도 해보게 했습니다. 반죽을 하면서 오늘도 오븐을 담당하게 되었습니다. 많은 양의 빵을 만들어도 차분하게 하면 됩니다. 빵 만드는 일과 오븐을 담당하는 일을 하다 보면 실력이 늘어나게 됩니다. 대부분 빵이 사무국장님이 원하는 대로 잘 나왔습니다. 소보로빵이 조금 작다고 하였습니다. 소보로빵을 성숙기에서 조금 더 있다가 오븐으로 가야 했습니다. 빵마다 공존이 다르기 때문에 빵에 따라 빵을 만들어가는 방식이 다릅니다. 오늘은 실수 없이 빵을 잘 만들어갔습니다.

　점심은 싱싱 식당에 가서 해물 대구탕을 먹었습니다. 인도 사람,

베트남 사람이 얼마나 잘 먹는지 거의 다 먹었습니다. 밥 한 공기를 추가하면서까지 식사를 잘하였습니다. 점심 후에 고구마 쿠키를 만들었고 빵 포장을 하였습니다. 오늘 버터크림은 내리지 않았습니다.

다음 주간에 오산리 금식 기도원에서 샌드위치 2천 개를 주문했다고 합니다. 3일 연속 2천 개씩을 만들어내려면 많은 시간을 투자해야 합니다. 기본적인 빵 만드는 일과 저녁 늦게까지 만들어야 한다는 것입니다. 그러나 다음 주간에 십대지기 캠프 응원하러 가야 하므로 빵집에 오기가 어렵습니다. 내 사정을 사무국장님께 말씀을 드렸습니다.

오늘은 그래도 일찍 일이 끝났습니다. 특별히 더 일하지 않았기 때문입니다. 전도 빵을 챙겨 나오면서 인사하였는데 사무국장님께서 "목사님, 빵 잘 구우셨습니다."라고 하길래 "더 노력해야지요."라고 하였습니다. 좀 더 인내하고 좀 더 좋은 빵을 만들어가야 합니다. 오늘도 빵을 만들 수 있어 감사합니다.

25. 빵 만들려면 인내할 줄 알아야 합니다

> > > 　오늘은 빵을 사가지고 와야 하기에 자동차를 가지고 가야 하겠다는 생각이 들었습니다. 명랑분식 떡볶이를 주문하였습니다. 초등학생 대상으로 하는 분식점이라 아침 일찍 문을 열었습니다. 전화로 미리 주문한 떡볶이를 가지고 자동차로 빵집에 왔습니다. 빵집에 도착해 운트바이오 전 회장님을 잠깐 뵈었습니다. 조금 후에 박 전도사님이 오셨습니다. 화요일마다 오신 권사님은 오늘 일이 있어 지난번에 못 온다고 하였습니다. 박 전도사님께서 떡볶이를 맛있게 드셨고 사무국장님도 잘 드셨습니다.

빵을 만들기 시작하였습니다. 혜민 청년은 혼자서도 빵 재량을 잘하였습니다. 오늘 빵 만드는 것을 보니 실수가 없었습니다. 지원 청년은 조금 늦게 왔지만 자기가 만드는 고구마빵을 잘 만들었습니다. 전보다 손길이 많이 안 가서 다행입니다. 민주 청년은 삶의 의욕이 없습니다. 사무국장님께서 민주 청년에게 3년 동안 약 1억을 만들어 보라고 권하였습니다. 사업을 하려 해도, 뭔가 하려고 해도 1억 정도의 돈이 있어야 한다는 것입니다.

오늘 만드는 빵이 작은 양이 아닌데도 순조로웠습니다. 사무국장님께서 적극적으로 일해서 그렇습니다. 그리고 디테일하게 설명하십니다. 빵을 만들면서 놓치기 쉬운 일을 늘 반복해서 말씀해 주십니다. 어느 정도 빵을 만들고 점심 먹으러 갔습니다. 민주 청년은 고기 먹으러 가자고 하였지만, 나머지 사람들이 부대찌개로 간다고 하니 부대찌개로 갔습니다.

민주 청년은 고깃집으로 가도 된다고 하였지만, 고깃집에 가서 주문하기가 힘든 것인지 자기 의견을 내놓았지만, 부대찌개로 우리와 같이 갔습니다. 점심 후에는 혜민 청년은 퇴근하는 시간이고 민주 청년과 빵 포장을 하였습니다. 오늘도 빵을 만들면서 숙성실에서 "조금만 조금만" 하는 말을 사무국장님께서 하셨습니다. 너무 급하게 빵을 만들어서도 안 되고 너무 느리게 만들어서도 안 됩니다. 가장 적절할 때 빵을 만들어야 합니다. 그래야 빵 크기도 좋고 모양도 좋고 맛도 좋은 것입니다.

오늘 저녁에 쓸 전도 빵과 목요일에 강화에 가야 하기에 주문한 빵을 가지고 교회에 돌아와서 교회 볼일을 보고 전도 현장으로 나갔습니다. 전도는 사람을 만나는 것이 좋은데 상가 사람들도 잘 볼 수 없을 때가 있습니다. 있을 때 잘해야 합니다. 빵 만들기도 잘하고 전도도 잘하고 목회도 잘하고 가정도 잘 이끌고 설교도 잘하고 다 잘해 보고 싶은 마음이 듭니다.

26. 단팥빵, 돌리기 누가 했어요?

❯ ❯ ❯   가래떡을 사 가지고 조금 일찍 빵집에 갔습니다. 박 전도사님께서 "정 권사님께서 김장하셔서 피곤하여 오늘 못 오신다."라고 말씀하셨습니다. 내가 사간 가래떡을 전자렌지에 데워서 먹었습니다. 따뜻하니 맛이 있었습니다. 어제보다 빵집에서 일할 사람은 적은데 만들어야 할 빵은 많았습니다. 부지런히 빵을 만들기 시작하였습니다. 은결 청년이 왔는데 은결 청년은 부지런하고 책임감도 있습니다. 일단 빵을 만드는 데 최선을 다하고 있습니다.

건빵 식빵 재료를 담아 보게 했습니다. 버터 식빵, 단과자, 건강 식빵을 만들고 있는데 카페에서 어르신 두 분이 건강 식빵 언제 나오느냐며 기다리고 계셨습니다. 박 전도사님이랑, 은결 청년, 지원 청년, 나, 국장님이 부지런히 빵을 만들었기에 생각보다 빨리 만들 수 있었습니다.

다른 날보다 점심을 일찍 간 편입니다. 은결 청년이 있기에 선택의 없이 보리밥으로 갔습니다. 보리밥 사장님이 은결 청년보다 더 보리밥을 좋아하냐고 물어보셨습니다. 다른 음식을 먹을 수 없기에 이곳에 왔다고 하였습니다. 박 전도사님도 함께 와서 식사하였습니다. 점심 후 빵집으로 돌아왔는데 국장님께서 단팥빵 가운데 돌리는 거 누가 했냐고 하십니다.

"왜요. 잘해서요?"
"은결 청년이 했냐?"
"제가 했습니다."

내가 빵집에 온 지 2년인데 그 정도야 알아서 잘하지요. 모든 빵 중에 단팥빵이 잘 나오면 그날 빵이 잘 나오는 것입니다. 사람들이 단팥빵을 좋아하기에 단팥빵 모양과 크기가 좋아야 합니다.

오후에는 카스테라 빵을 만들어야 했습니다. 박 전도사님께서 교회에 수능 시험을 보는 사람들에게 카스테라 빵을 나누어 주고 싶다고 하였습니다. 왜 카스테라 빵인가요? 하였더니 가서 붙으라 는 의미로 카스테라 빵을 준다는 것입니다. 오늘 단과자 큰 봉지가 없어 일일이 다른 포장으로 빵을 포장해야 하기에 시간이 더 걸리 게 되었습니다. 그래도 중간에 쉬지 않고 계속 일한 결과 생각보다 일찍 끝났습니다. 빵 만드는 행복이 있습니다.

27. 빵집에서 이충섭 목사는 누구인가요?

이충섭 목사님! 성실함에 끝판왕입니다. 한번 시작한 일은 끝을 보시는 분이십니다. 매일 365일 하루도 빠지지 않고 전도하는 분이십니다. 빵 만들기는 본인이 약속한 날짜에 한 번도 빠지지 않고 성실하게 나와 빵 기술을 배워 누구보다 멋지게 빵을 만들고 빵 만드는 것을 가르치는 일을 할 정도로 수준이 향상된 분입니다. 목사님은 작심삼일이란 말이 무색할 정도로 그 분야에 최고가 되기 위한 아름다운 비행을 끝까지 반복하고 반복하는 멋진 조종사처럼 비행을 마치는 사람입니다. 보면 볼수록 순수하며 많은 이들의 아픔을 보면 그냥 넘어가지 않고 함께 하기까지 이분의 삶을 보면 감동의 이야기로서 다큐멘터리라도 찍어야 할 분입니다. 만나면 만날수록 깊이가 있고 하나님에 사랑을 받는 분인 이충섭 목사님을 소개할 수 있는 영광을 얻어 주님께 영광을 드립니다.

천대길 집사

이충섭 목사님은 우리의 선임이십니다. 목회의 선임. 전도의 선임. 도전의 선임, 성실함의 선임, 빵 만드는 것의 선임, 빵 가르치시는 것의 탁월한 선임이십니다. 존경하는 선임 목사님을 사랑하고 축복합니다.

이은하 집사

이충섭 목사님은 늘 변함없는 소나무처럼 언제나 안정감 있게 편하게 대해주시는 분이고, 안 계시면 허전해지고 보고 싶어지는 분입니다.

최숙현 회장

앞치마를 두르고 허옇게 밀가루를 뒤집어 쓴 목사님을 12 BASKET CAFE에서 뵈었습니다. 우리 지방 승리교회 담임하시는 이충섭 목사님이십니다. 나는 목사님을 잘 알지만, 목사님은 평신도인 나를 잘 모르셨습니다. "목사님, 안녕하세요? 의정부 제일교회 임동균 권사이며 운트바이오 기획실장입니다." 이렇게 인사를 하고 말씀을 나누었습니다. 10년을 하루도 쉬지 않고 노방전도를 하신다는 사실은 익히 알고 있었지만, 하시고 계신 목회 사역을 직접 듣고 나누어 보니 참 귀하다는 생각이 들었습니다. 빵집에서의 헌신도 참 귀하십니다. 얼마전 빵집에 출근한지 100일이 되었다고 하셨는데 시간이 꽤 흘러 이제는 250일을 향해 가고 있지 않을까 싶습니다. 무료 제빵교육, 그리고 자원봉사자들이 함께 만든 빵으로 지역사회를 섬기는 카페의 설립 목적을 위해 그렇게 헌신하고 계십니다. 카페의 이러한 나눔의 배경은 하나님의 사랑입니다. 하나님의 사랑이 생략된 나눔은 그냥 세상의 NGO와 다르지 않습니다. 그래서 목사님의 섬김이 더욱 귀합니다. 헌신하는 모든 이들이 예수님의 마음으로 값없이 희생하며 사랑할 수 있도록, 믿음으로 중심을 잡아주시니 말입니다. "이충섭 목사님! 앞으로도 이러한 섬김과 나눔으로 많은 이들에게 본이 되어 주시길 기대합니다." 끝으로 교회창립 30주년을 맞는 승리교회와 성도, 그리고 목사님께 임마누엘 함께 하심의 복이 충만하길 기도합니다.

임동균 권사

어려움없이 일상의 얘기나 고민을 말할 수 있는 문턱이 낮은 편한 목사님이십니다.

유수연 집사

여러 사람이 일할 때 작업 분위기를 밝게 해주시는 분이십니다.

박승희 전도사

이충섭 목사님은 꼭 들어가야 할 레시피입니다. 빠지면 맛이 안 납니다.

김명기 목사

도전 해봤어!를 후원하는 기업이나 단체

● 운트바이오(전용수 회장)

www.undpharm.co.kr

운트바이오는 최근 단삼으로 여성 갱년기 건기식 시장 공략을 하겠다는 소식을 전하며 업계에서 큰 주목을 받고 있습니다. 현재 정관장 '화애락'과 휴온스 '엘루비 메노락토', 유한양행 '유한 백수오' 등이 여성 갱년기 건기식 시장을 주도하고 있습니다. 또 콜마비앤에이치는 루바브뿌리추출물로 갱년기 여성을 타깃한 제품 출시를 예고하고 있다고 합니다.

그동안 인슐린 국산화를 추진해오던 운트바이오도 올해 여성 갱년기 건기식 시장 공략에 나선다고 합니다. 최근 식약처로부터 여성 갱년기 개선 효과를 가진 개별인정형 원료로 단삼 주정 추출분말을 인증받았습니다. 단삼은 중국 전통 약초로 혈액순환 촉진, 어혈, 조혈 작용과 심신안정 등이 있는 것으로 알려져 있습니다.

운트바이오 전용수 회장은 임상 결과에서도 단삼 주정 추출물의 유효성분 단신수(Danshensu)는 체내 세로토닌, 노르에피네프린 등 자율신경 호르몬 밸런스를 유지시켜 줬다고 설명했습니다. 특히 여성 갱년기 증상 중 내분비 및 정신 신경적 증상인 불면증, 신경과민, 무기력감 개선에 탁월했다고 덧붙였습니다.

"운트바이오는 국내 제약회사 중 유일하게 당뇨병 환자의 다양한 요구를 충족시키기 위한 고품질 및 환자 부담을 최소화한 인슐린, 인슐린 아날로그 제품을 제공함으로써 운트바이오만의 완벽한 당뇨 케어 솔루션을 제공하고 있는 기업인데요. 최근 다른 분야에도 성공적인 진출을 해내며 좋은 모습을 보여 주고 있는 만큼 앞으로의 행보가 더욱 기대된다고 말씀드릴 수 있겠습니다."

● 12Baskets(이수기 이사장)

https://www.youtube.com/watch?v=F0yO4lPStrk

우리는 빵을 팔기 위해 고용하는 것이 아닙니다. 우리는 고용하기 위하여 빵을 만듭니다. 만 원으로 할 수 있는 일은 커피 2잔, 저녁 한 끼, 영화 1편, 마른안주 1접시입니다. 지구촌 곳곳의 사랑의 빵집 12Baskets에서 빵을 만들어 나누면 100명이 행복해집니다. 아스피린, 항상제, 구충제 몇 알과 연고 하나로 생명을 살릴 수도 있습니다.

당신이 12Baskets에서 마시는 커피 한 잔이 한 봉지의 빵이 아픔과 배고픔과 미래가 보이지 않는 지구촌 친구들에게 삶의 희망과 행복을 줍니다. 빵 하나가 우리들에겐 간식이지만 누군가에겐 생명입니다.

With me together?

지구촌 사람들은 대한민국 의료나 구제 사업을 할 뿐만 아니라 해외에도 의료와 구제 사업을 하고 있습니다. 12baskets에서 빵 만들기 하는 것도 해외에 나가는 선교사님들을 위해 빵 기술을 가르쳐 주고 훈련하는 것입니다. 코로나19로 인해 한국 사람들에게도 빵 만들기를 가르쳐 주고 있습니다. 12basktes에서 나가는 구제 빵, 전도 빵이 상당히 많은 양입니다. 많은 양을 무료로 나누어 주고 있습니다. 꼭 필요한 경우에는 빵을 구입해 가기도 합니다. 이 빵 재료를 내주고 있는 운트바이오와 의료와 구제를 감당하고 있는 지구촌 사람들, 12baskets이 자랑스럽습니다.

● 의정부 밀알선교단(박춘섭 단장)

http://www.milalsarang.com

의정부 밀알선교단을 사랑하시고 관심을 갖고 도우시고 협력하시는 당신을 사랑하고 축복합니다. 의정부 밀알선교단은 장애인과 비장애인이 예수 그리스도의 이름으로 모인 그리스도인들의 공동체입니다. 이곳은 위로와 치유와 만남의 기쁨과 천국의 소망을 바라보며 함께 하는 곳입니다. 그래서 우리에게 소중한 공동체이며 삶의 행복이며 희망이고 꿈입니다. 우리 이곳에서 그리스도의 사랑을 만들어 갑시다. 여러분들의 참여와 관심이 더불어 사는 아름다운 그리스도의 공동체를 만들어 갈 것을 믿습니다.

의정부지역 장애인과 함께하기 위해, 의정부 밀알선교단이 태동하였고, 의정부 밀알은 한 발 더 나가 장애인의 사회통합을 추구하기 위해 의정부 밀알복지재단을 설립하였습니다. 의정부 밀알이, 녹양동에서 호원동으로 제2의 보금자리를 옮기게 되었습니다.

드림랜드 장애인보호작업장
의정부 밀알선교단, 의정부 밀알복지재단
의정부 밀알장애인 활동지원센터
지적장애인 거주시설 밀알의 집

● **의정부 십대지기**(박현동 대표)

https://ddorae.org/

십대지기는 '청소년의 가슴에 그리스도 비전을'이라는 모토로 지역 거점 사역을 통해 좋은 땅 만들기 운동의 주역이 되며 지역을 거점으로 청소년들이 주체적인 삶을 살도록 실질적인 도움을 주는 좋은 땅 만드는 일과 청소년 보호 및 선도, 교육, 지도자 양성, 상담, 문화육성, 연구, 출판, 선교 등의 제반 활동을 비롯하여 경기북부지역을 거점으로 청소년을 전인적으로 성장시키는 일을 교회와 함께 사역하는 단체로서 신앙생활과 가치관, 관계에 대하여 교육하고 훈련하여 온전한 그리스도인으로 세우는 사역과 소외 청소년들에게 주거환경을 제공하고 보호, 양육 및 사회에 건강하게 적응할 수 있도록 지원합니다.

의정부남자단기청소년쉼터
의정부여자단기청소년쉼터
의정부일시청소년쉼터(이동형)
공동생활가정 "꿈터"(남자)
공동생활가정 "사랑의집"(여자)
경기북부청소년자립지원관

"십대지기를 만나고 예수님을 만났어요."
"십대지기 캠프를 통해 내가 살아가는 이유를 알게 되었어요."
"십대지기 양육으로 내 신앙이 어떤지 제대로 알게 되었어요."
"십대지기 선생님들을 만나서 가출 위기에서 벗어났어요."
"쉼터에 있으면서 내가 얼마나 소중한 존재인지 알게 되었어요."
"새로운 꿈을 꾸고, 새로운 삶을 살아갈 거예요."

● **교회교육선교회(김성환 회장)**

www.kcem.net

교회교육선교회는 세계의 어린이와 교회를 섬기라는 하나님의 감동을 따라 1988년 설립하였으며, 인형극, 파워찬양제작보급, 청소년연합수련회, 어린이연합캠프, 소록도봉사캠프, 해외선교 등 어린이 청소년 선교 활동을 하고 있습니다.

인형극
1988년부터 지금까지 매년 100회 이상 개 교회 출장 공연하였으며 교사 교육 및 인형 재료 보급을 하고 있습니다. 대표작 : "두통이의 마음", "천국과 지옥", "짱구의 믿음"

파워찬양율동
2000년부터 1집을 시작하여 2023년 19집을 발매하였습니다. 대표작 : "앗 뜨거워", "천국은 마치" 외 다수

어린이연합캠프
1997년부터 시작하여 매년 여름, 겨울 3,000~5,000명의 캠프를 진행하였습니다. 2009년부터 매년 여름 3,500명씩 만원일일캠프로 진행하고 있습니다.

청소년캠프
1989년 한국중앙기도원에서 시작하여 백봉산기도원,

문박수련원 등에서 매년 5,000명씩 진행하였습니다.

소록동봉사캠프
2008년 시작 매년 여름 소록도 북성교회 및 남성교회를 중심으로 진행하고 있습니다.

해외선교
미국, 일본, 중국, 소련, 대만, 미안마, 홍콩, 필리핀 등 국내 선교사님들이 활동하는 선교지의 어린이 선교를 돕고 있습니다.

● **익투스 여행사**(서나영 장로)

https://www.ictustravel.com/

익투스 여행사는 이스라엘. 요르단. 터키. 그리스. 로마. 출애굽 구약 신약 종교개혁 기독교 성지순례 익투스 트래블 여행사입니다. 익투스 여행사는 우리 모두에게 따뜻함과 기쁨, 감사와 감동을 함께 전해 주는 여행사입니다. 같은 돌이라도 명인의 손에 의해 걸작품이 만들어지듯이 그동안 익투스 여행사는 우리들의 소중한 여행을 최고의 여행으로 만들어 주었습니다. 서나영 장로님과의 여행은 잊을 수 없는 내 생애 최고의 여행이었습니다. 여행은 어디로 가는지보다 누구와 함께 하는지가 더 중요하다고 합니다. 서나영 장로님이야말로 만나 본 최고의 유럽여행 전문가입니다.

성전 건축을 하면서 배운 것 중의 하나는 견적서에서 제시하는 공사금액이 아니라 건축하는 사람의 진실성과 전문성이었습니다. 결국, 가격이 아니라 사람이었습니다. 역시나 모든 여행사가 "최저 가격과 최고의 여행"을 말합니다. 결국, 말이 아니라 실천입니다. 서나영 장로님이 마련해주시는 여행이 얼마나 진실하며, 또한 최선을 다하여 섬기고 있는지를 진심으로 말씀드립니다. 특히 유럽과 성지순례에 대한 전문성은 그 어느 여행사도 따라올 수 없을 것입니다. 서나영 장로님의 헌신과 진실성을 기쁘게 앞장서서 추천합니다.

● 억센 여행사(이순향 대표)

http://www.uxxen.co.kr/

㈜UXXEN(억센)은 Ubiquitours Xn, (Christian) Xd. (Crusade) Evangelical Network의 약자로 "전 세계 도처에 편재하는 크리스천들의 복음적인 네트워크를 형성하자"는 목적으로 세워진 기업입니다. 고객 중심의 상품 개발, 그리고 단계적인 사업 확장을 통한 내실 있고 추진력 있는 경영으로 세계시장으로 발돋움할 수 있는 기업으로 성장하여 사람들을 두루 유익하게 하는 것이 목표입니다.

1. UXXEN은 사람을 먼저 생각합니다. 고객 한 분 한 분을 가족처럼 소중히 모시고, 신뢰감과 정성, 그리고 풍부한 경험에서 우러나오는 전문가 다운 서비스를 하는 것이 고객을 대하는 UXXEN의 기본정신입니다.

2. UXXEN은 선교기업입니다. 기업 이익의 십일조를 선교사 파송과 지원에 사용하면서 선교팀의 후원자로 기꺼이 봉사하고 있으며 공동체 선교와 자비량 선교 네트워크를 키워가고 있습니다.

3. UXXEN은 여행을 위한 모든 것을 생각합니다. 전 세계 네트워크를 통한 최신 여행 정보와 다양한 상품, 여행 준비에 필요한 것과 고객들이 만족해하면서 행복하고 즐겁게 여행할 수 있는 프로그램 개발과 어학연수를 통한 교육사업까지, 이 분야에서 세계 최고가 되기 위해 UXXEN의 가장 큰 재산인 훌륭한 맨파워들이

차근차근 준비해 가고 있습니다.

4. UXXEN은 여행문화의 미래를 생각합니다. 확실한 안목과 뚜렷한 도전 의지로 작은 꿈들을 이루어왔던 성공의 저력이 UXXEN에게 있습니다. 남들이 생각하지 못한 길을 먼저 발견하고 개척해 가는 도전정신으로 새로운 시장을 선점하고 리드하며 기업 가치를 극대화하는데 전사적인 노력을 다할 것입니다.

● **경기장애인 부모연대 의정부지부**

https://cafe.daum.net/ujbbumo1004

경기장애인 부모연대 의정부지부는 발달장애가 있는 자녀를 둔 부모들이, 자녀와 함께 세상과 부딪히고 헤쳐가며 살아가는 여정에서, 개인 혼자가 아닌 우리라는 연대감으로 세상과의 부조화를 바꾸어 나간다는 목적을 가지고 설립한 단체입니다. 우리는 부모연대의 이름으로 세상을 향해 부르짖고 외쳐가며 발달장애에 대한 사회의 관심과 인식을 바꾸어 나아가고 있습니다. 그러나 아직도 현실은 여전히 부족하고 갈 길은 멀기만 합니다.

세계 어느 복지국가이건 당사자들의 절규 없이 국가와 사회가 자발적으로 만들어가는 복지제도는 없습니다. 개인의 목소리는 미약하지만 우리가 되어 함께 외치는 함성은 크고도 강하여 세상을 향해 멀리 퍼집니다. 연대의 힘으로 우리가 함께 살아가는 세상, 우리 자녀들이 살아갈 세상을 변화시켜 나갑시다. 우리 자녀들이 사회에서 배제되지 않고 자신의 선택을 존중받고 존엄한 삶의 가치를 누리며 살아가는, 모두가 함께 조화롭게 공존하며 살아가는 세상 만들기에 경기장애인 부모연대 의정부지부가 언제나 씩씩하게 한 걸음 앞서 걸어가겠습니다. 함께 해 주십시오.

＊ 외부강사 프로그램 – 민요, 노래교실, 방송댄스, 도예, 원예, 찾아가는 생활체육

＊ 외부 활동 프로그램 – 특수체육(하늘꿈발달센터, 협동조합사람), 스마트학습실(평생학습원), 바리스타(의정부커피학원), 실내테니스(하늘마당실내테니스), 볼링(노블레스볼링장)

＊ 내부 프로그램 – 노래활동실, 스트레칭, 실내스포츠, 인문교양, 창작활동, 영화감상, 요리활동

＊ 외부 체험활동 – 음악도서관, 과학도서관, 의정부천문대, 의정부컬링장, 일산 아쿠아플라넷, 외식활동, 에코투어(낙양물사랑공원)

즐거운 여가 활동과 사회성 증진을 위해 다양한 프로그램을 계획 진행하고 있습니다.